2023년도 제34회 시험대비 THE LAST 모의고사
박윤모 & 정석진 부동산공시법·부동산세법

회차	문제수	시험과목
1회	40	부동산공시법·부동산세법

수험번호		성명	

【수험자 유의사항】

1. 시험문제지의 **총면수, 문제번호, 일련순서, 인쇄상태** 등을 확인하시고, 문제지 표지에 수험번호와 성명을 기재하시기 바랍니다.

2. 답은 각 문제마다 요구하는 **가장 적합하거나 가까운 답 1개**만 선택하고, 답안카드 작성 시 시험문제지 **마킹착오**로 인한 불이익은 전적으로 **수험자에게 책임**이 있음을 알려드립니다.

3. 답안카드는 국가전문자격 공통 표준형으로 문제번호가 1번부터 125번까지 인쇄되어 있습니다. 답안 마킹 시에는 반드시 **시험문제지의 문제번호와 동일한 번호**에 마킹하여야 합니다.

4. **감독위원의 지시에 불응하거나 시험시간 종료 후 답안카드를 제출하지 않을 경우** 불이익이 발생할 수 있음을 알려드립니다.

5. 시험문제지는 시험 종료 후 가져가시기 바랍니다.

6. 답안작성은 **시험시행일 현재 시행되는 법령** 등을 적용하시기 바랍니다.

7. 가답안 의견제시에 대한 개별회신 및 공고는 하지 않으며, **최종 정답 발표로 갈음**합니다.

8. 시험 중 **중간 퇴실은 불가**합니다. 단, 부득이하게 퇴실할 경우 **시험 포기각서 제출 후 퇴실은 가능**하나 **재입실이 불가**하며, **해당시험은 무효처리**됩니다.

박문각은 여러분의 제34회 공인중개사 시험 합격을 진심으로 응원합니다!

부동산공시에 관한 법령 및 부동산 관련 세법

1. 공간정보의 구축 및 관리 등에 관한 법령상 토지의 등록 등에 관한 설명으로 옳은 것은?

① 토지소유자가 지번을 변경하려면 지번변경 사유와 지번변경 대상토지의 지번·지목·면적에 대한 상세한 내용을 기재하여 지적소관청에 신청하여야 한다.

② 지적소관청은 토지의 이용현황을 직권으로 조사·측량하여 토지의 지번·지목·면적·경계 또는 좌표를 결정하려는 때에는 토지이용계획을 수립하여야 한다.

③ 지적공부에 등록하는 지번·지목·면적·경계 또는 좌표는 토지의 이동이 있을 때 토지소유자의 신청을 받아 시·도지사가 결정하되, 신청이 없으면 시·도지사가 직권으로 조사·측량하여 결정할 수 있다.

④ 지적소관청은 토지가 일시적 또는 임시적인 용도로 사용되는 경우로서 토지소유자의 신청이 있는 경우에는 지목을 변경할 수 있다.

⑤ 지적도의 축척이 600분의 1인 지역과 경계점좌표등록부에 등록하는 지역의 1필지 면적이 0.1제곱미터 미만일 때에는 0.1제곱미터로 한다.

2. 지번의 부여 및 부여방법 등에 관한 설명으로 틀린 것은?

① 등록전환 대상토지가 여러 필지로 되어 있는 경우에는 그 지번부여지역의 최종 본번의 다음 순번부터 본번으로 하여 순차적으로 지번을 부여할 수 있다.

② 신규등록의 경우에는 그 지번부여지역에서 인접토지의 본번에 부번을 붙여서 지번을 부여하는 것을 원칙으로 한다.

③ 분할의 경우에는 분할 후의 필지 중 1필지의 지번은 분할 전의 지번으로 하고, 나머지 필지의 지번은 최종 본번 다음 순번의 본번을 순차적으로 부여하여야 한다.

④ 지적소관청은 지번을 변경할 필요가 있다고 인정하면 시·도지사나 대도시 시장의 승인을 받아 지번부여지역의 전부 또는 일부에 대하여 지번을 새로 부여할 수 있다.

⑤ 합병의 경우로서 토지소유자가 합병 전의 필지에 주거·사무실 등의 건축물이 있어서 그 건축물이 위치한 지번을 합병 후의 지번으로 신청할 때에는 그 지번을 합병 후의 지번으로 부여하여야 한다.

3. 공간정보의 구축 및 관리 등에 관한 법령상 지목의 구분으로 옳은 것은?

① 물을 상시적으로 직접 이용하여 벼·연(蓮)·미나리·왕골 등의 식물을 주로 재배하는 토지의 지목은 '유지'로 한다.

② 용수(用水) 또는 배수(排水)를 위하여 일정한 형태를 갖춘 인공적인 수로·둑 및 그 부속시설물의 부지의 지목은 '제방'으로 한다.

③ 축산업 및 낙농업을 하기 위하여 초지를 조성한 토지와 그 토지에 설치된 주거용 건축물의 부지의 지목은 '목장용지'로 한다.

④ 물건 등을 보관하거나 저장하기 위하여 독립적으로 설치된 보관시설물의 부지와 이에 접속된 부속시설물의 부지의 지목은 '대'로 한다.

⑤ 제조업을 하고 있는 공장시설물의 부지와 같은 구역에 있는 의료시설 등 부속시설물의 부지의 지목은 '공장용지'로 한다.

4. 다음 설명 중 틀린 것은?

① 국토교통부장관은 지적공부의 효율적인 관리 및 활용을 위하여 지적정보 전담 관리기구를 설치·운영한다.

② 지적소관청은 토지의 이동에 따라 지상경계를 새로 정한 경우에는 경계점좌표등록부를 작성·관리하여야 한다.

③ 정보처리시스템을 통하여 기록·저장한 지적공부가 멸실한 경우 시·도지사, 시장·군수 또는 구청장이 지체 없이 복구하여야 한다.

④ 지적공부를 열람하거나 그 등본을 발급받으려는 자는 해당 지적소관청에 그 열람 또는 발급을 신청하여야 한다.

⑤ 다만, 정보처리시스템을 통하여 기록·저장된 지적공부(지적도 및 임야도는 제외한다)를 열람하거나 그 등본을 발급받으려는 경우에는 특별자치시장, 시장·군수 또는 구청장이나 읍·면·동의 장에게 신청할 수 있다.

5. 경위의측량방법에 의하여 지적확정측량을 시행하는 지역에서 1필지의 면적을 산출한 결과 1034.453m²인 경우 지적공부에 등록할 면적으로 옳은 것은?

① 1034m²   ② 1034.4m²

③ 1034.5m²   ④ 1034.45m²

⑤ 1034.46m²

6. 토지대장과 경계점좌표등록부의 공통 등록사항에 해당하는 것을 모두 고른 것은?

> ㄱ. 토지의 지목
> ㄴ. 토지의 소재와 지번
> ㄷ. 소유자의 성명 또는 명칭, 주소 및 주민등록번호
> ㄹ. 개별공시지가
> ㅁ. 좌표
> ㅂ. 토지의 고유번호
> ㅅ. 토지의 면적

① ㄴ, ㅂ
② ㄷ, ㅂ, ㅅ
③ ㄱ, ㄴ, ㅂ, ㅅ
④ ㄴ, ㄷ, ㄹ, ㅂ
⑤ ㄴ, ㄷ, ㅁ, ㅂ, ㅅ

7. 공간정보의 구축 및 관리 등에 관한 법령상 지적공부의 열람 및 등본 발급, 부동산종합공부의 등록사항 및 열람·증명서 발급 등에 관한 설명으로 틀린 것은?

① 지적소관청은 부동산종합공부의 「공간정보의 구축 및 관리 등에 관한 법률」에 따른 지적공부의 내용에서 토지의 표시와 소유자에 관한 사항을 등록하여야 한다.

② 지적소관청은 부동산종합공부의 「토지이용규제 기본법」 제10조에 따른 토지이용계획확인서의 내용에서 토지의 이용 및 규제에 관한 사항을 등록하여야 한다.

③ 지적소관청은 부동산종합공부의 「건축법」 제38조에 따른 건축물대장의 내용에서 건축물의 표시와 소유자에 관한 사항(토지에 건축물이 있는 경우만 해당한다)을 등록하여야 한다.

④ 부동산종합공부를 열람하거나 부동산종합공부 기록사항에 관한 증명서를 발급받으려는 자는 지적공부·부동산종합공부 열람·발급 신청서(전자문서로 된 신청서를 포함한다)를 지적소관청 또는 읍·면·동장에게 제출하여야 한다.

⑤ 정보처리시스템을 통하여 기록·저장된 지적공부(지적도 및 임야도는 제외한다)를 열람하거나 그 등본을 발급받으려는 경우에는 시·도지사, 시장·군수 또는 구청장이나 읍·면·동의 장에게 신청할 수 있다.

8. 공간정보의 구축 및 관리 등에 관한 법률상 부동산종합공부의 등록사항에 해당하지 않는 것은?

① 토지의 이용 및 규제에 관한 사항 : 「토지이용규제 기본법」 제10조에 따른 토지이용계획확인서의 내용

② 부동산의 효율적 이용과 토지의 적성에 관한 종합적 관리·운영을 위하여 필요한 사항 : 「국토의 계획 및 이용에 관한 법률」 제20조 및 제27조에 따른 토지적성평가서의 내용

③ 부동산의 가격에 관한 사항 : 「부동산 가격공시 및 감정평가에 관한 법률」 제11조에 따른 개별공시지가, 같은 법 제16조 및 제17조에 따른 개별주택가격 및 공동주택가격 공시내용

④ 토지의 표시와 소유자에 관한 사항 : 「공간정보의 구축 및 관리 등에 관한 법률」에 따른 지적공부의 내용

⑤ 건축물의 표시와 소유자에 관한 사항(토지에 건축물이 있는 경우만 해당한다) : 「건축법」 제38조에 따른 건축물대장의 내용

9. 다음 중 토지 이동에 관한 설명으로 틀린 것은?

① 「산지관리법」에 따른 산지전용허가·신고, 산지일시사용허가·신고, 「건축법」에 따른 건축허가·신고 또는 그 밖의 관계 법령에 따른 개발행위 허가 등을 받은 경우에는 등록전환을 신청할 수 있다.

② 임야도에 등록된 토지가 사실상 형질변경되었으나, 지목변경을 할 수 없는 경우에는 등록전환을 신청할 수 있다.

③ 임야대장의 면적과 등록전환될 면적 차이가 법령에 규정된 허용범위를 초과하는 경우 임야대장의 면적 또는 임야도의 경계는 지적소관청이 직권으로 정정하여야 한다.

④ 등록전환에 따른 면적을 정할 때 임야대장의 면적과 등록전환될 면적의 차이가 오차의 허용범위 이내인 경우, 임야대장의 면적을 등록전환면적으로 결정한다.

⑤ 대부분의 토지가 등록전환되어 나머지 토지가 임야대장등록지에 계속 존치할 필요가 없는 경우에는 등록전환 신청대상이 된다.

10. 공간정보의 구축 및 관리 등에 관한 법령상 지적공부의 등록사항정정에 관한 설명으로 **틀린** 것은?

① 토지이동정리결의서의 내용과 다르게 정리한 경우 지적소관청은 직권으로 등록사항을 정정할 수 있다.

② 지적도 및 임야도에 등록된 필지가 면적의 증감 없이 경계의 위치만 잘못 등록된 경우 지적소관청이 직권으로 조사·측량하여 정정할 수 있다.

③ 토지소유자가 경계 또는 면적의 변경을 가져오는 등록사항에 대한 정정신청을 하는 때에는 정정사유를 기재한 신청서에 등록사항정정측량성과도를 첨부하여 지적소관청에 제출하여야 한다.

④ 등기된 토지의 지적공부 등록사항정정 내용이 소유자의 표시에 관한 사항인 경우 등기필정보, 등기사항증명서 또는 등기관서에서 제공한 등기전산정보자료에 의하여 정정하여야 한다.

⑤ 등록사항정정 신청사항이 미등기 토지의 소유자 성명에 관한 사항으로서 명백히 잘못 기재된 경우에는 법원의 확정판결정본에 의하여 정정할 수 있다.

11. 공간정보의 구축 및 관리 등에 관한 법령상 축척변경에 관한 설명이다. (   )안에 들어갈 내용으로 옳은 것은?

> • 지적소관청은 축척변경을 하려면 축척변경 시행지역의 토지소유자 (ㄱ)의 동의를 받아 축척변경위원회의 의결을 거친 후 (ㄴ)의 승인을 받아야 한다.
> • 축척변경 시행지역의 토지소유자 또는 점유자는 시행공고일부터 (ㄷ) 이내에 시행공고일 현재 점유하고 있는 경계에 경계점표지를 설치하여야 한다.
> • 지적소관청은 청산금에 관한 수령통지를 한 날부터 (ㄹ) 이내에 청산금을 지급하여야 한다.

	ㄱ	ㄴ	ㄷ	ㄹ
①	2분의 1 이상	국토교통부장관	30일	1개월
②	2분의 1 이상	시·도지사 또는 대도시 시장	60일	3개월
③	2분의 1 이상	국토교통부장관	60일	3개월
④	3분의 2 이상	시·도지사 또는 대도시 시장	30일	6개월
⑤	3분의 2 이상	국토교통부장관	60일	6개월

12. 공간정보의 구축 및 관리 등에 관한 법령상 토지소유자 등 이해관계인이 지적측량수행자에게 지적측량을 의뢰하여야 하는 경우가 **아닌** 것을 모두 고른 것은?(단, 지적측량을 할 필요가 있는 경우임)

> ㄱ. 지적측량성과를 검사하는 경우
> ㄴ. 토지를 등록전환하는 경우
> ㄷ. 축척을 변경하는 경우
> ㄹ. 「지적재조사에 관한 특별법」에 따른 지적재조사사업에 따라 토지의 이동이 있는 경우

① ㄱ, ㄴ ② ㄱ, ㄹ ③ ㄷ, ㄹ
④ ㄱ, ㄴ, ㄷ ⑤ ㄴ, ㄷ, ㄹ

13. 등기신청적격에 관한 설명으로 옳은 것은?

① 아파트 입주자대표회의의 명의로는 그 대표자 또는 관리인이 등기를 신청할 수 없다.

② 동(洞) 명의로 동민들이 법인 아닌 사단을 설립한 경우에는 그 대표자 명의로 등기신청을 할 수 있다.

③ 민법상 조합 명의로 등기를 신청할 수는 없으므로, 조합원 전원 명의로 합유등기를 신청하여야 한다.

④ 지방자치단체도 등기신청의 당사자능력이 인정되므로 읍·면도 등기신청적격이 인정된다.

⑤ 법인 아닌 사단·재단의 경우에는 대표자명의로 등기를 신청하여야 한다.

14. 확정판결에 의한 소유권이전등기신청에 관한 설명이다. **틀린** 것은?

① 피고가 원고 및 소외인에게 소유권이전등기절차를 이행한다는 내용이 포함된 재판상 화해가 성립되었어도 화해의 효력이 소외인에게 미치지 아니하므로 위 소외인이 단독으로 소유권이전등기를 신청할 수 없다.

② 소유권이전등기말소청구의 소를 제기하여 승소판결을 받은 자가 그 판결에 의한 등기신청을 하지 아니하는 경우 패소한 등기의무자가 그 판결에 기하여 직접 말소등기를 신청하거나 대위등기를 할 수는 없다.

③ 공유물분할판결의 경우에는 당해 판결의 확정일자가 그 등기원인일자가 된다.

④ 공유물분할판결이 확정되면 그 소송의 원고의 지위에 있는 자만이 등기권리자로서 등기를 신청할 수 있다.

⑤ 판결에 의한 소유권이전등기신청서에는 판결정본과 그 판결에 대한 확정증명서를 첨부하여야 한다.

15. 단독으로 신청할 수 있는 등기를 모두 고른 것은?

> ㄱ. 의사진술을 명하는 이행판결에 의한 소유권이전등기를 신청하는 경우
> ㄴ. 전세권자가 소유권을 취득하여 전세권의 말소등기를 신청하는 경우
> ㄷ. 채권액 증액에 따른 저당권변경등기를 신청하는 경우
> ㄹ. 법원의 가처분명령에 따른 가등기를 신청하는 경우
> ㅁ. 토지수용의 재결의 실효를 원인으로 하는 토지수용으로 인한 소유권이전등기의 말소신청을 하는 경우

① ㄱ   ② ㄱ, ㄴ   ③ ㄱ, ㄴ, ㄷ
④ ㄱ, ㄴ, ㄹ   ⑤ ㄱ, ㄴ, ㅁ

16. 채권자 甲이 채권자대위권에 의하여 채무자 乙을 대위하여 등기신청하는 경우에 관한 설명으로 틀린 것을 모두 고르면 몇 개인가?

> ㄱ. 대위신청에 따른 등기를 한 경우, 등기관은 채권자 甲에게 등기필정보를 통지하여야 한다.
> ㄴ. 대위신청에 따른 등기를 한 경우, 등기관은 채무자 乙에게 등기필정보를 통지하여야 한다.
> ㄷ. 대위등기신청에서 등기권리자는 甲이고, 등기신청인은 乙이다.
> ㄹ. 대위등기를 신청할 때 대위원인을 증명하는 정보를 첨부하여야 한다.

① 없음   ② 1개   ③ 2개   ④ 3개   ⑤ 4개

17. 등기신청시 등기소에 제공하여야 할 첨부정보에 관한 설명이다. 틀린 것은?

①	매매에 의한 소유권이전등기	매매계약서 매도인과 매수인의 주소증명정보
②	상속에 의한 소유권이전등기	가족관계증명서 기본증명서
③	1필지 일부에 대한 전세권설정등기	도면
④	소유권보존등기	대장정보 주소증명정보
⑤	소유권이전청구권 보전의 가등기	토지거래허가정보 농지취득자격증명정보

18. 등기를 마친 경우 등기필정보를 작성하여 통지하여야 하는 등기는 모두 몇 개인가?

> ㄱ. 등기관의 직권에 의한 소유권보존등기
> ㄴ. 매도인과 매수인이 공동신청한 소유권이전등기
> ㄷ. 채권자대위에 의한 소유권이전등기
> ㄹ. 승소한 등기의무자가 신청한 소유권이전등기
> ㅁ. 매매계약 해제로 인한 소유권의 말소등기
> ㅂ. 관공서의 촉탁등기

① 1개   ② 2개   ③ 3개   ④ 4개   ⑤ 5개

19. 소유권보존등기에 관한 다음 설명 중 옳은 것은?

① 소유권보존등기를 신청할 때에는 등기의무자의 등기필정보를 등기소에 제공하여야 한다.
② 소유권보존등기의 신청정보에는 등기원인과 그 연월일을 기록하여야 한다.
③ 규약에 따라 공용부분으로 등기된 후 그 규약이 폐지된 경우, 그 공용부분 취득자는 소유권이전등기를 신청하여야 한다.
④ 규약상 공용부분을 처분하면서 규약을 폐지한 경우 공용부분 취득자는 규약의 폐지를 증명하는 정보를 첨부하여 공용부분이라는 뜻의 등기의 말소등기를 신청하여야 한다.
⑤ 미등기부동산에 대하여 소유권보존등기를 신청할 수 있는데도 이를 하지 아니한 채 매매계약을 체결한 경우에는, 그 계약을 체결한 날로부터 60일 이내에 소유권보존등기를 신청하여야 한다.

20. 신탁등기에 관한 설명으로 옳은 것은?

① 수익자 또는 위탁자는 수탁자를 대위하여 신탁등기를 신청할 수 없다.
② 신탁등기의 신청은 해당 신탁으로 인한 권리의 이전 또는 보존이나 설정등기의 신청과 함께 별개의 신청정보를 작성하여 동시에 신청하여야 한다.
③ 신탁종료로 신탁재산에 속한 권리가 이전된 경우, 수탁자는 단독으로 신탁등기의 말소등기를 신청할 수 있다.
④ 등기관이 권리의 이전 또는 보존이나 설정등기와 함께 신탁등기를 할 때에는 다른 순위번호를 사용하여야 한다.
⑤ 수탁자가 여러 명인 경우 등기관은 신탁재산이 공유인 뜻을 기록하여야 한다.

21. 甲과 乙은 甲소유 A건물 전부에 대해 전세금 5억원, 기간 2년으로 하는 전세권설정계약을 체결하고 공동으로 전세권설정등기를 신청하였다. 이에 관한 설명으로 틀린 것은?

① 등기관은 전세금과 설정범위를 기록하여야 한다.

② 등기관은 존속기간을 기록하여야 한다.

③ 전세권설정등기가 된 후에 건물전세권의 존속기간이 만료되어 법정갱신이 된 경우, 그 전세권에 대한 저당권설정등기를 하기 위해서는 乙은 존속기간 연장을 위한 변경등기를 하여야 한다.

④ 전세금반환채권의 일부 양도를 원인으로 하는 전세권 일부이전등기의 신청은 전세권 존속기간 만료 전에도 할 수 있다.

⑤ 전세권설정등기가 된 후에 乙과 丙이 A건물의 일부에 대한 전전세계약에 따라 전전세등기를 신청하는 경우, 그 부분을 표시한 건물도면을 첨부정보로 등기소에 제공하여야 한다.

22. 권리에 관한 등기의 설명으로 틀린 것은?

① 甲 소유 부동산에 대하여 乙 명의의 전세권등기를 말소하라는 판결에 의하여 전세권말소등기를 신청할 때에는 丙의 승낙서 또는 丙에게 대항할 수 있는 재판의 등본을 첨부하지 않아도 된다.

② 등기부 갑구(甲區)의 등기사항 중 권리자가 2인 이상인 경우에는 권리자별 지분을 기록하여야 하고, 등기할 권리가 공유인 경우에는 그 뜻을 기록하여야 한다.

③ 권리의 변경등기는 등기상 이해관계가 있는 제3자의 승낙이 없는 경우, 부기로 등기할 수 없다.

④ 등기의무자의 소재불명으로 공동신청할 수 없을 때 등기권리자는 민사소송법에 따라 공시최고를 신청할 수 있고, 이에 따라 제권판결이 있으면 등기권리자는 그 사실을 증명하여 단독으로 등기말소를 신청할 수 있다.

⑤ 등기관이 토지 소유권의 등기명의인표시변경등기를 하였을 때에는 지체 없이 그 사실을 지적소관청에 알려야 한다.

23. 말소등기에 관련된 설명으로 옳은 것은?

① 甲소유의 부동산에 대하여 乙명의의 근저당권설정등기, 丙명의의 소유권이전등기가 순차적으로 마쳐진 후에, 甲과 乙 사이의 근저당권설정등기를 피담보채권의 변제를 이유로 말소하고자 하는 경우에 甲은 말소등기를 청구할 수 없다.

② 甲소유의 부동산에 대하여 乙명의의 근저당권설정등기, 丙명의의 소유권이전등기가 순차적으로 마쳐진 후에, 甲과 乙 사이의 근저당권설정등기를 원인무효를 이유로 말소하고자 하는 경우에 甲은 말소등기를 청구할 수 있다.

③ 근저당권 설정 후 소유권이 제3자에게 이전된 경우, 근저당권설정자 또는 제3취득자는 근저당권자와 공동으로 그 말소등기를 신청할 수 있다.

④ 甲소유로 등기된 토지에 설정된 乙명의의 근저당권을 丙에게 이전하는 등기를 신청하는 경우, 등기의무자는 丙이다.

⑤ 甲소유로 등기된 토지에 설정된 乙명의의 근저당권을 丙에게 이전한 후, 근저당권말소등기를 신청하는 경우, 등기의무자는 乙이다.

24. 가등기에 의한 본등기에 관한 다음 설명 중 틀린 것은?

① 가등기를 마친 후 가등기권자가 사망한 경우에는, 가등기권자의 상속인은 상속등기를 할 필요 없이, 가등기의무자와 공동으로 본등기를 신청하여야 한다.

② 저당권설정등기청구권보전가등기에 의하여 저당권 설정의 본등기를 한 경우, 등기관은 가등기 후 본등기 전에 마친 제3자 명의의 용익권등기를 직권말소할 수 없다.

③ 하나의 가등기에 관하여 여러 사람의 가등기권자가 있는 경우에는, 그 중 일부의 가등기권자가 자기의 가등기 지분에 관하여 본등기를 신청할 수 있다.

④ 甲이 乙소유 토지에 대한 소유권이전청구권을 보전하기 위하여 가등기를 한 후 乙이 그 토지를 丙에게 양도한 경우, 甲의 본등기 청구의 상대방은 丙이다.

⑤ 소유권이전청구권가등기의 명의인이 소재불명이 된 경우 현 소유자는 부동산등기법 제56조에 따라 공시최고신청을 하여 제권판결을 받아 단독으로 그 가등기의 말소등기를 신청할 수 있다.

25. 다음은 「소득세법」에 대한 설명이다. 틀린 것은?

① 양도소득에 대한 과세표준은 종합소득 및 퇴직소득에 대한 과세표준과 구분하여 계산한다.

② 주택의 임대로 인하여 얻은 과세대상 소득은 사업소득으로서 해당 거주자의 종합소득금액에 합산된다.

③ 주거용 건물 임대업에서 발생한 결손금은 종합소득 과세표준을 계산할 때 공제한다.

④ 비거주자가 국내 주택을 양도한 경우 양도소득세 납세지는 비거주자의 국외 주소지이다.

⑤ 사업소득에 부동산임대업에서 발생한 소득이 포함되어 있는 사업자는 그 소득별로 구분하여 회계처리하여야 한다.

26. 「소득세법」상 거주자의 양도소득세 과세대상이 <u>아닌</u> 것은?(단, 국내 자산을 가정함)

① 개인의 토지를 법인에 현물출자

② 등기된 부동산임차권의 양도

③ 이혼으로 인하여 혼인 중에 형성된 부부공동재산을 「민법」 제839조의2에 따라 재산분할하는 경우

④ 사업에 사용하는 토지·건물 및 부동산에 관한 권리와 함께 영업권의 양도

⑤ 건물이 완성되는 때에 그 건물과 이에 딸린 토지를 취득할 수 있는 권리의 양도

27. 다음 중 실거래가액으로 양도차익을 산정하는 경우 필요경비에 해당하지 <u>않는</u> 것은?

① 양도자산의 이용편의를 위하여 지출한 비용

② 당사자 약정에 의한 대금지급방법에 따라 취득원가에 이자상당액을 가산하여 거래가액을 확정하는 경우 당해 이자상당액

③ 양도자산의 보유기간 중에 그 자산의 감가상각비로서 사업소득금액의 계산시에 필요경비로 산입한 금액과 매입시 기업회계기준에 따라 발생한 현재가치할인차금 중 보유기간 동안 사업소득의 필요경비로 산입된 것

④ 자산을 양도하기 위하여 직접 지출한 양도소득세 과세표준 신고서 작성비용

⑤ 자산을 취득함에 있어서 법령 등의 규정에 따라 매입한 국민주택채권 및 토지개발채권을 만기 전에 금융기관 등에 양도함으로써 발생하는 매각차손

28. 「소득세법」상 장기보유특별공제와 양도소득기본공제에 관한 설명으로 옳은 것을 모두 고른 것은?

> ㄱ. 보유기간이 17년인 등기된 상가건물의 장기보유특별공제액은 취득가액의 100분의 30이다.
>
> ㄴ. 1세대 1주택이라도 장기보유특별공제가 적용될 수 있다.
>
> ㄷ. 1세대 2주택 중 3년 이상 보유한 등기된 주택(조정대상지역에 소재하지 않음)을 양도한 경우 장기보유특별공제를 적용받을 수 없다.
>
> ㄹ. 100분의 70의 양도소득세 세율이 적용되는 미등기 양도자산에 대해서는 양도소득 과세표준 계산시 양도소득기본공제는 적용되지 않는다.
>
> ㅁ. 같은 해에 여러 개의 자산(모두 등기됨)을 양도한 경우 양도소득 기본공제는 해당 과세기간에 먼저 양도한 자산의 양도소득금액에서부터 순서대로 공제한다. 단, 감면소득금액은 없다.

① ㄱ, ㄴ, ㄷ   ② ㄴ, ㄷ   ③ ㄴ, ㄹ, ㅁ

④ ㄷ, ㄹ   ⑤ ㄷ, ㅁ

29. 「소득세법」상 거주자가 국외자산을 양도한 경우에 관한 설명으로 틀린 것은?(단, 해당 과세기간에 다른 자산의 양도는 없음)

① 국외자산 양도로 발생하는 소득이 환율변동으로 인하여 외화차입금으로부터 발생하는 환차익을 포함하고 있는 경우에는 해당 환차익을 양도소득의 범위에서 제외한다.

② 소득세법상 국외자산의 양도에 대한 양도소득세 과세에 있어서 국내자산의 양도에 대한 양도소득세 규정 중 양도소득의 부당행위계산은 준용하지 않는다.

③ 국외에 있는 부동산에 관한 권리로서 미등기 양도자산의 양도로 발생하는 소득은 양도소득의 범위에 포함된다.

④ 국외자산에 대한 양도차익 계산시 필요경비개산공제는 적용하지 아니한다.

⑤ 국외자산의 양도소득에 대하여 해당 외국에서 과세를 하는 경우로서 법령이 정한 그 국외자산 양도소득세액을 납부하였거나 납부할 것이 있을 때에는 외국납부세액의 세액공제방법과 필요경비 산입방법 중 하나를 선택하여 적용할 수 있다.

30. 거주자 甲은 2017. 10. 20. 취득한 토지(취득가액 1억원, 등기함)를 동생인 거주자 乙(특수관계인임)에게 2020. 10. 1. 증여(시가 3억원, 등기함)하였다. 乙은 해당 토지를 2023. 10. 28. 특수관계가 없는 丙에게 양도(양도가액 10억원)하였다. 양도소득은 乙에게 실질적으로 귀속되지 아니하고, 乙의 증여세와 양도소득세를 합한 세액이 甲이 직접 양도하는 경우로 보아 계산한 양도소득세보다 적은 경우에 해당한다. 「소득세법」상 양도소득세 납세의무에 관한 설명으로 옳은 것은 몇 개인가?

> ㄱ. 乙이 납부한 증여세는 부과를 취소하고 환급한다.
> ㄴ. 甲은 양도소득세 납세의무자이다.
> ㄷ. 양도소득세에 대해서는 甲과 乙이 연대하여 납세의무를 진다.
> ㄹ. 양도차익 계산시 취득가액은 甲의 취득 당시를 기준으로 한다.
> ㅁ. 양도소득세 계산시 보유기간은 甲의 취득일부터 乙의 양도일까지의 기간으로 한다.

① 1개   ② 2개   ③ 3개   ④ 4개   ⑤ 5개

31. 「지방세법」상 취득세가 과세될 수 있는 경우가 아닌 것은?
① 법인이 부동산을 현물출자 받아 취득하는 경우
② 상속에 의하여 임야를 취득한 경우
③ 국가, 지방자치단체 또는 지방자치단체조합에 귀속 또는 기부채납을 조건으로 취득하는 부동산
④ 보유토지의 지목이 전(田)에서 대지(垈地)로 변경되어 가액이 증가한 경우
⑤ 건축물의 이전으로 인한 취득으로서 이전한 건축물의 가액이 종전 건축물의 가액을 초과하지 않는 경우

32. 「지방세법」상 취득세의 과세표준에 관한 설명으로 틀린 것은?
① 취득세의 과세표준은 취득 당시의 가액으로 한다.
② 부동산 등을 무상취득하는 경우(상속에 따른 무상취득의 경우는 제외) 시가인정액을 취득당시가액으로 한다.
③ 부동산 등을 원시취득하는 경우 취득당시가액은 사실상 취득가격으로 한다.
④ 상속에 따른 무상취득의 경우 시가인정액을 취득당시가액으로 한다.
⑤ 토지의 지목을 사실상 변경한 경우 취득당시가액은 그 변경으로 증가한 가액에 해당하는 사실상취득가격으로 한다.

33. 「지방세법」상 취득세의 부과·징수에 관한 설명으로 틀린 것은?(단, 납세자가 국내에 주소를 둔 경우에 한함)
① 취득세 과세물건을 취득한 자는 그 취득한 날부터 60일 이내, 상속으로 인한 경우는 상속개시일부터 6개월 이내에 그 과세표준에 세율을 적용하여 산출한 세액을 신고하고 납부하여야 한다.
② 재산권을 공부에 등기하거나 등록하려는 경우에는 등기 또는 등록 신청서를 등기·등록관서에 접수하는 날까지 취득세를 신고·납부하여야 한다.
③ 취득세 납세의무자가 신고 또는 납부의무를 다하지 아니하면 산출세액 또는 그 부족세액에 「지방세기본법」의 규정에 따라 산출한 가산세를 합한 금액을 세액으로 하여 보통징수의 방법으로 징수한다.
④ 지방자치단체의 장은 취득세 납세의무가 있는 법인이 장부 등의 작성과 보존의무를 이행하지 아니한 경우에는 산출된 세액 또는 부족세액의 100분의 10에 상당하는 금액을 징수하여야 할 세액에 가산한다.
⑤ 납세의무자가 취득세 과세물건을 사실상 취득한 후 취득세 신고를 하지 아니하고 매각하는 경우에는 산출세액에 100분의 80을 가산한 금액을 세액으로 하여 보통징수의 방법으로 징수한다.

34. 「지방세법」상 등록에 대한 등록면허세에 관한 설명으로 틀린 것은 몇 개인가?

> ㄱ. 근저당권 말소등기의 경우 등록면허세의 납세의무자는 근저당권설정자 또는 말소대상 부동산의 현재 소유자이다.
> ㄴ. 부동산 등록에 대한 신고가 없는 경우 취득 당시 시가표준액의 100분의 110을 과세표준으로 한다.
> ㄷ. 전세권설정등기에 대한 등록면허세의 표준세율은 전세금액의 1,000분의 2이다.
> ㄹ. 대도시 밖에 있는 법인의 본점이나 주사무소를 대도시로 전입함에 따른 등기는 법인등기에 대한 세율의 100분의 200을 적용한다.
> ㅁ. 같은 등록에 관계되는 재산이 둘 이상의 지방자치단체에 걸쳐 있어 등록면허세를 지방자치단체별로 부과할 수 없을 때에는 등록관청 소재지를 납세지로 한다.

① 1개   ② 2개   ③ 3개   ④ 4개   ⑤ 5개

35. 「지방세법」상 재산세의 과세대상과 표준세율 적용에 관한 설명으로 틀린 것은?

① 재산세 과세대상 물건이 공부상 등재 현황과 사실상의 현황이 다른 경우에는 사실상의 현황에 따라 재산세를 부과한다.

② 주택에 대한 재산세는 납세의무자별로 해당 지방자치단체의 관할구역에 있는 주택의 과세표준을 합산하여 주택의 세율을 적용한다.

③ 주택의 부속토지의 경계가 명백하지 아니한 경우에는 그 주택의 바닥면적의 10배에 해당하는 토지를 주택의 부속토지로 한다.

④ 1동(棟)의 건물이 주거와 주거 외의 용도로 사용되고 있는 경우에는 주거용으로 사용되는 부분만을 주택으로 본다.

⑤ 주택에 대한 토지와 건물의 소유자가 다를 경우 해당 주택의 토지와 건물의 가액을 합산한 과세표준에 주택의 세율을 적용한다.

36. 「지방세법」상 분리과세대상 토지 중 재산세 표준세율이 다른 하나는?

① 과세기준일 현재 특별시지역의 도시지역 안의 녹지지역에서 실제 영농에 사용되고 있는 개인이 소유하는 전(田)

② 1990년 5월 31일 이전부터 관계법령에 의한 사회복지사업자가 복지시설의 소비용(消費用)에 공(供)하기 위하여 소유하는 농지

③ 산림의 보호육성을 위하여 필요한 임야로서 자연공원법에 의하여 지정된 공원자연환경지구 안의 임야

④ 1990년 5월 31일 이전부터 종중이 소유하고 있는 임야

⑤ 과세기준일 현재 계속 염전으로 실제 사용하고 있는 토지

37. 「지방세법」상 재산세 비과세에 대한 설명 중 틀린 것은?

① 「자연공원법」에 따른 공원자연보존지구의 임야는 재산세를 비과세한다.

② 「1년 이상 공용 또는 공공용에 사용하는 재산」이란 과세기준일 현재 1년 이상 계속하여 공용 또는 공공용으로 실제 사용하였거나 사용할 것이 계약서 등에 의하여 입증되는 때에는 지상권 설정유무 등에 관계없이 비과세된다.

③ 「백두대간 보호에 관한 법률」에 따라 지정된 백두대간보호지역의 임야는 재산세를 비과세한다.

④ 「산림자원의 조성 및 관리에 관한 법률」에 따라 지정된 채종림·시험림은 재산세를 비과세한다.

⑤ 「도로법」에 따른 도로는 재산세를 비과세하지만 그 밖에 일반인의 자유로운 통행을 위하여 제공할 목적으로 개설한 사설 도로는 재산세를 과세한다.

38. 종합부동산세의 과세기준일 현재 과세대상인 것은?(단, 주어진 조건 외에는 고려하지 않음)

① 회원제 골프장용 토지(회원제 골프장업의 등록시 구분등록의 대상이 되는 토지)

② 상업용 건축물(오피스텔 제외)

③ 관계법령에 따른 사회복지사업자가 복지시설이 소비목적으로 사용할 수 있도록 하기 위하여 1990년 5월 1일부터 소유하는 농지

④ 취득세 중과세대상인 고급오락장

⑤ 여객자동차운송사업 면허를 받은 자가 그 면허에 따라 사용하는 차고용 토지(자동차운송사업의 최저보유차고면적기준의 1.5배에 해당하는 면적 이내의 토지)

39. 납세의무의 성립시기로 옳은 것으로만 묶인 것은?

> ㄱ. 소득세 : 소득을 지급하는 때
> ㄴ. 종합부동산세 : 과세기준일(매년 6월 1일)
> ㄷ. 취득세 : 취득한 날부터 60일이 되는 날
> ㄹ. 등록에 대한 등록면허세 : 재산권과 그 밖의 권리를 등기하거나 등록하는 때
> ㅁ. 재산세 : 매년 7월 1일

① ㄱ, ㄴ   ② ㄱ, ㄴ, ㄹ   ③ ㄴ, ㄹ
④ ㄷ, ㄹ, ㅁ   ⑤ ㄴ, ㄹ, ㅁ

40. 2023년 4월 중 부동산을 취득하여 2023년 10월 28일 현재 보유하고 있는 경우, 보유단계에서 부담할 수 있는 국세인 부가세로 옳게 묶인 것은?

> ㄱ. 재산세
> ㄴ. 농어촌특별세
> ㄷ. 종합부동산세
> ㄹ. 지방교육세
> ㅁ. 소방분에 대한 지역자원시설세

① ㄴ   ② ㄴ, ㄷ   ③ ㄱ, ㄷ, ㄹ
④ ㄴ, ㄷ, ㅁ   ⑤ ㄱ, ㄴ, ㄷ, ㄹ

수고하셨습니다.
당신의 합격을 응원합니다.

2023년도 제34회 시험대비 THE LAST 모의고사
박윤모 & 정석진 부동산공시법·부동산세법

회차	문제수	시험과목
2회	40	부동산공시법·부동산세법

수험번호		성명	

【수험자 유의사항】

1. 시험문제지의 **총면수, 문제번호, 일련순서, 인쇄상태** 등을 확인하시고, 문제지 표지에 수험번호와 성명을 기재하시기 바랍니다.

2. 답은 각 문제마다 요구하는 **가장 적합하거나 가까운 답 1개**만 선택하고, 답안카드 작성 시 시험문제지 **마킹착오**로 인한 불이익은 전적으로 **수험자에게 책임**이 있음을 알려드립니다.

3. 답안카드는 국가전문자격 공통 표준형으로 문제번호가 1번부터 125번까지 인쇄되어 있습니다. 답안 마킹 시에는 반드시 **시험문제지의 문제번호와 동일한 번호**에 마킹하여야 합니다.

4. **감독위원의 지시에 불응하거나 시험시간 종료 후 답안카드를 제출하지 않을 경우** 불이익이 발생할 수 있음을 알려드립니다.

5. 시험문제지는 시험 종료 후 가져가시기 바랍니다.

6. 답안작성은 **시험시행일 현재 시행되는 법령 등**을 적용하시기 바랍니다.

7. 가답안 의견제시에 대한 개별회신 및 공고는 하지 않으며, **최종 정답 발표로 갈음**합니다.

8. 시험 중 **중간 퇴실은 불가**합니다. 단, 부득이하게 퇴실할 경우 **시험 포기각서 제출 후 퇴실**은 가능하나 **재입실이 불가**하며, **해당시험은 무효처리됩니다.**

박문각은 여러분의 제34회 공인중개사 시험 합격을 진심으로 응원합니다!

합격까지 박문각

부동산공시에 관한 법령 및 부동산 관련 세법

1. 공간정보의 구축 및 관리 등에 관한 법령상 지번에 관한 설명으로 옳은 것은?

① 지적소관청이 지번을 변경하기 위해서는 시·도지사나 대도시 시장의 승인을 받아야 한다.

② 임야대장 및 임야도에 등록하는 토지의 지번은 숫자 뒤에 "산"자를 붙인다.

③ 지번은 본번(本番)과 부번(副番)으로 구성하며, 북동에서 남서로 순차적으로 부여한다.

④ 분할의 경우에는 분할된 필지마다 새로운 본번을 부여한다.

⑤ 지적소관청은 축척변경으로 지번에 결번이 생긴 때에는 지체 없이 그 사유를 지번색인표에 적어 영구히 보존하여야 한다.

2. 공간정보의 구축 및 관리 등에 관한 법령상 지목의 구분에 관한 설명으로 틀린 것은?

① 일반 공중의 보건·휴양 및 정서생활에 이용하기 위한 시설을 갖춘 토지로서 「국토의 계획 및 이용에 관한 법률」에 따라 공원 또는 녹지로 결정·고시된 토지는 "공원"으로 한다.

② 저유소(貯油所) 및 원유저장소의 부지와 이에 접속된 부속시설물의 부지는 "잡종지"로 한다.

③ 물이 고이거나 상시적으로 물을 저장하고 있는 댐·저수지·소류지(沼溜地)·호수·연못 등의 토지는 "유지"로 한다.

④ 바닷물을 끌어들여 소금을 채취하기 위하여 조성된 토지와 이에 접속된 제염장(製鹽場) 등 부속시설물의 부지는 "염전"으로 한다.

⑤ 용수(用水) 또는 배수(排水)를 위하여 일정한 형태를 갖춘 인공적인 수로·둑 및 그 부속시설물의 부지와 자연의 유수(流水)가 있거나 있을 것으로 예상되는 소규모 수로부지는 "구거"로 한다.

3. 분할에 따른 지상경계 결정시 지상건축물을 걸리게 결정할 수 없는 것은 모두 몇 개인가?

> ㄱ. 공공사업으로 인하여 학교용지·도로·철도용지·제방·하천·구거·유지·수도용지 등의 지목으로 되는 토지를 분할하는 경우
> ㄴ. 토지이용상 불합리한 지상경계를 시정하기 위하여 분할하는 경우
> ㄷ. 「국토의 계획 및 이용에 관한 법률」의 규정에 의한 도시계획결정고시와 지형도면고시가 된 지역의 도시, 군 관리계획선에 따라 토지를 분할하는 경우
> ㄹ. 법원의 확정판결이 있는 경우
> ㅁ. 도시개발사업 등의 사업시행자가 사업지구의 경계를 결정하기 위하여 분할하고자 하는 경우
> ㅂ. 소유권이전이나 매매 등을 위하여 분할하는 경우

① 1개   ② 2개   ③ 3개   ④ 4개   ⑤ 5개

4. 공간정보의 구축 및 관리 등에 관한 법령상 지적공부에 등록하는 면적에 관한 설명으로 틀린 것은?

① 경위의측량방법으로 세부측량을 한 지역의 필지별 면적측정은 전자면적측정기에 의한다.

② 경계점좌표등록부에 등록하는 지역의 토지 면적은 제곱미터 이하 한 자리 단위로 한다.

③ 지적도의 축척이 600분의 1인 지역의 1필지 면적이 0.1제곱미터 미만일 때에는 0.1제곱미터로 한다.

④ 지적도의 축척이 1200분의 1인 지역의 1필지 면적이 1제곱미터 미만일 때에는 1제곱미터로 한다.

⑤ 임야도의 축척이 6000분의 1인 지역의 1필지 면적이 1제곱미터 미만일 때에는 1제곱미터로 한다.

5. 경계점좌표등록부를 갖춰 두는 지역의 지적도가 아래와 같은 경우 이에 관한 설명으로 틀린 것은?

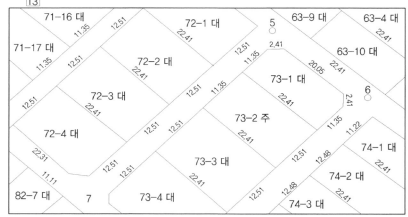

① 위 지적도에 등록된 토지의 면적측정은 좌표면적계산법에 의한다.

② 위 지적도에 등록된 73-1번지 토지의 경계선상에 등록된 '22.41'은 좌표에 의하여 계산된 경계점간의 거리를 나타낸다.

③ 위 지적도에 등록된 토지의 경계복원측량은 본 도면으로 실시할 수 있다.

④ 위 지적도에 등록된 토지의 경계복원측량은 경위의측량에 의하여야 한다.

⑤ 위 지적도에는 건축물 및 구조물의 위치, 지적기준점의 위치를 등록할 수 있다.

6. 공간정보의 구축 및 관리 등에 관한 법령상 지적공부와 등록사항에 관한 설명으로 옳은 것을 고르면 모두 몇 개인가?

> ㄱ. 좌표, 부호 및 부호도는 경계점좌표등록부의 등록사항이다.
> ㄴ. 전유부분의 건물표시, 대지권의 비율은 대지권등록부의 등록사항이다.
> ㄷ. 토지의 소재와 지번, 지목, 면적, 소유권의 지분은 토지대장의 등록사항이다.
> ㄹ. 삼각점 및 지적기준점의 위치, 건축물 및 구조물 등의 위치는 지적도면의 등록사항이다.
> ㅁ. 토지의 소재와 지번, 토지의 고유번호, 토지의 이동사유는 공유지연명부의 등록사항이다.

① ㄱ, ㄴ　　　　② ㄱ, ㄴ, ㄷ　　　　③ ㄱ, ㄴ, ㄹ
④ ㄱ, ㄴ, ㄷ, ㄹ　　⑤ ㄱ, ㄴ, ㄷ, ㄹ, ㅁ

7. 다음은 부동산종합공부에 관한 설명이다. 틀린 것은 모두 몇 개인가?

> ㄱ. 부동산종합공부의 등록사항을 관리하는 기관의 장은 지적소관청에 상시적으로 관련정보를 제공하여야 한다.
> ㄴ. 지적소관청은 부동산종합공부에 등록되는 사항을 관리하는 기관의 장에게 관련 자료의 제출을 요구할 수 있다.
> ㄷ. 토지소유자는 지적공부의 등록사항에 잘못이 있음을 발견하면 지적소관청 또는 읍·면·동의 장에게 그 정정을 신청할 수 있다.
> ㄹ. 부동산종합공부를 열람하거나 부동산종합공부 기록사항의 전부 또는 일부에 관한 증명서를 발급받으려는 자는 지적소관청 또는 읍·면·동의 장에게 신청할 수 있다.
> ㅁ. 지적소관청은 부동산종합공부의 불일치 등록사항에 대해서는 등록사항을 정정하고, 등록사항을 관리하는 기관의 장에게 그 내용을 통지하여야 한다.

① 1개　　② 2개　　③ 3개　　④ 4개　　⑤ 5개

8. 지적공부의 등록사항에 오류가 있는 경우 지적소관청의 직권으로 정정할 수 있는 사항은?

① 지적측량을 잘못한 경우
② 토지이용계획확인서 내용과 다르게 정리된 경우
③ 임야대장의 면적과 등록전환될 면적의 차이가 허용범위 이내인 경우
④ 지적위원회의 의결서 내용에 따라 등록사항을 정정하여야 하는 경우
⑤ 도면에 등록된 필지의 면적과 경계의 위치가 잘못된 경우

9. 공간정보의 구축 및 관리 등에 관한 법령상 축척변경에 관한 설명으로 틀린 것은?

① 축척변경에 관한 사항을 심의·의결하기 위하여 지적소관청에 축척변경위원회를 둔다.
② 축척변경위원회의 위원장은 위원 중에서 지적소관청이 지명한다.
③ 지적소관청은 축척변경에 관한 측량을 완료하였을 때에는 축척변경 신청일 현재의 지적공부상의 면적과 측량 후의 면적을 비교하여 그 변동사항을 표시한 토지이동현황 조사서를 작성하여야 한다.
④ 지적소관청은 청산금의 결정을 공고한 날부터 20일 이내에 토지소유자에게 청산금의 납부고지 또는 수령통지를 하여야 한다.
⑤ 청산금의 납부 및 지급이 완료되었을 때에는 지적소관청은 지체 없이 축척변경의 확정공고를 하여야 한다.

10. 공간정보 구축 및 관리 등에 관한 법령상 토지소유자의 정리 등에 관한 설명으로 틀린 것은?

① 지적소관청은 등기부에 적혀 있는 토지의 표시가 지적공부와 일치하지 아니하면 토지소유자를 정리할 수 없다.
② 「국유재산법」에 따른 총괄청이나 같은 법에 따른 중앙관서의 장이 소유자 없는 부동산에 대한 소유자 등록을 신청하는 경우 지적소관청은 지적공부에 해당 토지의 소유자가 등록되지 아니한 경우에만 등록할 수 있다.
③ 지적공부에 신규등록하는 토지의 소유자에 관한 사항은 등기관서에서 등기한 것을 증명하는 등기필증, 등기완료통지서, 등기사항증명서 또는 등기관서에서 제공한 등기전산정보자료에 따라 정리한다.
④ 지적소관청은 필요하다고 인정하는 경우에는 관할 등기관서의 등기부를 열람하여 지적공부와 부동산등기부가 일치하는지 여부를 조사·확인하여야 한다.
⑤ 지적소관청 소속 공무원이 지적공부와 부동산등기부의 부합 여부를 확인하기 위하여 등기전산정보자료의 제공을 요청하는 경우 그 수수료는 무료로 한다.

11. 공간정보의 구축 및 관리 등에 관한 법령상 지적측량의 적부심사 등에 관한 설명으로 옳은 것은?

① 지적측량 적부심사청구를 받은 지적소관청은 30일 이내에 다툼이 되는 지적측량의 경위 및 그 성과, 해당 토지에 대한 토지이동 및 소유권 변동 연혁, 해당 토지 주변의 측량기준점, 경계, 주요 구조물 등 현황 실측도를 조사하여 지방지적위원회에 회부하여야 한다.

② 지적측량 적부심사청구를 회부받은 지방지적위원회는 부득이한 경우가 아닌 경우 그 심사청구를 회부받은 날부터 90일 이내에 심의·의결하여야 한다.

③ 지방지적위원회는 부득이한 경우에 심의기간을 해당 지적위원회의 의결을 거쳐 60일 이내에서 한 번만 연장할 수 있다.

④ 시·도지사는 지방지적위원회의 지적측량 적부심사 의결서를 받은 날부터 10일 이내에 지적측량 적부심사청구인 및 이해관계인에게 그 의결서를 통지하여야 한다.

⑤ 의결서를 받은 자가 지방지적위원회의 의결에 불복하는 경우에는 그 의결서를 받은 날부터 90일 이내에 국토교통부장관을 거쳐 중앙지적위원회에 재심사를 청구할 수 있다.

12. 다음은 지적측량의 기간에 관한 내용이다. ( )에 들어갈 내용으로 옳은 것은?

> 지적측량의 측량기간은 (ㄱ)로 하며, 측량검사기간은 (ㄴ)로 한다. 다만, 지적기준점을 설치하여 측량 또는 측량검사를 하는 경우 지적기준점이 15점 이하인 경우에는 4일을, 15점을 초과하는 경우에는 4일에 15점을 초과하는 (ㄷ)마다 1일을 가산한다. 이와 같은 기준에도 불구하고, 지적측량의뢰인과 지적측량수행자가 서로 합의하여 따로 기간을 정하는 경우에는 그 기간에 따르되, 전체기간의 (ㄹ)은 측량기간으로, 전체기간의 (ㅁ)은(는) 측량검사기간으로 본다.

① ㄱ : 4일, ㄴ : 3일, ㄷ : 5점, ㄹ : 4분의 3, ㅁ : 4분의 1
② ㄱ : 4일, ㄴ : 3일, ㄷ : 4점, ㄹ : 5분의 3, ㅁ : 5분의 2
③ ㄱ : 5일, ㄴ : 4일, ㄷ : 4점, ㄹ : 4분의 3, ㅁ : 4분의 1
④ ㄱ : 5일, ㄴ : 4일, ㄷ : 4점, ㄹ : 5분의 3, ㅁ : 5분의 2
⑤ ㄱ : 5일, ㄴ : 4일, ㄷ : 5점, ㄹ : 4분의 3, ㅁ : 5분의 2

13. 부동산등기법이 절차상 필요에 의하여 인정하고 있는 대위등기에 관한 다음 설명 중 틀린 것은?

① 건물이 멸실된 경우에 그 건물 소유명의인이 1개월 이내에 멸실등기를 신청하지 않은 때에는 그 건물대지의 소유자가 건물 소유명의인을 대위하여 멸실등기를 신청할 수 있다.

② 구분건물로서 그 대지권의 변경이나 소멸이 있는 경우에는 구분건물의 소유명의인은 1동의 건물에 속하는 다른 구분건물의 소유명의인을 대위하여 그 등기를 신청할 수 있다.

③ 甲이 그 소유 부동산을 乙에게 매도하고 사망한 경우, 甲의 단독상속인 丙은 등기의무자로서 甲과 乙의 매매를 원인으로 하여 甲으로부터 乙로의 이전등기를 신청할 수 있다.

④ 1동의 건물에 속하는 구분건물 중 일부 만에 관하여 소유권보존등기를 신청하는 경우에는 나머지 구분건물의 소유권보존등기를 동시에 대위하여 신청하여야 한다.

⑤ 신탁등기의 말소등기는 수익자나 위탁자가 수탁자를 대위하여 그 등기를 신청할 수 있다.

14. 등기의무자의 등기필정보의 제공에 관한 설명이다. 틀린 것은?

① 존속기간의 만료로 인한 전세권말소등기를 신청하는 경우에는 등기의무자의 등기필정보를 등기소에 제공하여야 한다.

② 토지수용에 의한 소유권이전등기를 신청하는 경우에는 등기의무자의 등기필정보를 등기소에 제공하지 않아도 된다.

③ 상속이나 유증을 원인으로 하는 소유권이전등기를 신청하는 경우에는 사망자가 가지고 있던 등기필정보를 등기소에 제공할 필요가 없다.

④ 근저당권설정등기를 신청하는 경우에는 등기의무자의 등기필정보를 제공하여야 한다.

⑤ 관공서가 등기의무자로서 등기를 촉탁하거나, 부동산에 관한 권리를 취득하여 등기권리자로서 등기를 촉탁하는 경우에는 등기의무자의 등기필정보를 등기소에 제공할 필요가 없다.

15. 등기필정보의 작성 및 통지에 관한 다음 설명 중 틀린 것은?

① 등기필정보의 통지를 원하지 않거나 3개월 이내에 인터넷등기소에서 전송받지 않거나 수령하지 않는 경우에는 등기필정보를 통지하지 않는다.

② 권리자를 추가하는 변경등기를 마친 경우에는 등기필정보를 작성하여 통지하여야 한다.

③ 승소한 등기권리자가 단독으로 권리에 관한 등기를 신청한 경우에는, 등기필정보를 통지하지 않아도 된다.

④ 법정대리인의 신청에 의하여 등기를 마친 경우에는 그 법정대리인에게 등기필정보를 통지하여야 한다.

⑤ 관공서가 등기권리자를 위하여 소유권이전등기를 전자촉탁한 경우에는 등기필정보통지서를 출력하여 관공서에 직접 교부 또는 송달할 수 있으며, 이 경우 관공서는 밀봉된 등기필정보통지서를 뜯지 않은 채 그대로 등기권리자에게 교부한다.

16. 등기관의 처분에 대한 이의절차에 관한 설명으로 틀린 것은?

① 등기관의 처분에 대한 이의에는 집행정지의 효력이 없으며, 이의신청기간에도 제한이 없으므로 이의의 이익이 있으면 언제라도 제기할 수 있다.

② 등기관의 결정 또는 처분이 부당하여 이의신청을 하는 경우에는 등기신청서의 제출시를 기준으로 그 때까지 주장하거나 제출되지 아니한 사실이나 증거방법으로써 이의사유를 삼을 수 없다.

③ 관할 지방법원은 이의신청에 대하여 결정하기 전에 등기관에게 이의가 있다는 뜻의 부기등기를 명령할 수 있다.

④ 이의신청에 대하여 등기관이 이의가 이유없다고 인정한 경우에는 이의신청일로부터 7일 이내에 의견을 붙여 이의신청서를 관할 지방법원에 보내야 한다.

⑤ 등기신청의 각하결정에 대하여는 등기신청인인 등기권리자 및 등기의무자에 한하여 이의신청을 할 수 있고, 이해관계 있는 제3자는 이의신청을 할 수 없다.

17. 소유권보존등기와 관련한 다음 설명 중 옳은 것은?

① 건물에 대하여 국가나 건축허가명의인(건축주)을 상대로 소유권확인판결을 받은 자는 자기 명의로 소유권보존등기를 신청할 수 없다.

② 대장상 소유권이전등록을 받은 자는 최초의 소유자명의로 하는 보존등기 없이 자기명의로 직접 소유권보존등기를 할 수 있다.

③ 토지대장상 소유자 표시란이 공란으로 되어 있어서 대장상의 소유자를 특정할 수 없는 경우에는 특별자치도지사, 시장, 군수 또는 구청장을 상대로 자신의 소유임을 확정하는 내용의 판결을 받아 소유권보존등기를 신청할 수 있다.

④ 지적공부에 최초의 소유자로 등록된 국가로부터 소유권이전등록을 받은 자는 국가명의의 소유권보존등기를 마친 후 소유권이전등기를 하여야 한다.

⑤ 소유권보존등기를 신청할 때에는 등기의무자의 등기필정보를 등기소에 제공하여야 한다.

18. 유증으로 인한 소유권이전등기 신청절차에 관한 설명으로 옳은 것은?

① 유증에 기한이 붙은 경우에도 유증자의 사망일을 등기원인일자로 기록하여야 한다.

② 유증으로 인한 소유권이전등기는 상속등기를 거쳐 수증자 명의로 이전등기를 신청하여야 한다.

③ 상속등기가 이미 마쳐진 경우에는 그 상속등기를 말소하고 유증자로부터 수증자 명의로 유증을 원인으로 한 소유권이전등기를 신청하여야 한다.

④ 미등기 부동산이 특정유증된 경우, 유언집행자는 상속인 명의 소유권보존등기를 거쳐 유증으로 인한 소유권이전등기를 신청하여야 한다.

⑤ 유증으로 인한 소유권이전등기청구권보전의 가등기신청은 유언자가 생존중인 경우에는 이를 수리하고, 유언자가 사망한 경우에는 수리하여서는 아니된다.

19. 저당권의 등기절차에 관한 설명으로 틀린 것은?

① 일정한 금액을 목적으로 하지 않는 채권을 담보하기 위한 저당권설정등기의 경우, 그 채권의 평가액을 기록하여야 한다.

② 저당권의 이전등기를 신청하는 경우, 저당권이 채권과 같이 이전한다는 뜻을 신청정보의 내용으로 등기소에 제공하여야 한다.

③ 3개의 부동산이 공동담보의 목적물로 제공되는 경우, 등기관은 공동담보목록을 작성하여야 한다.

④ 공동저당 부동산 중 일부의 매각대금을 먼저 배당하여 경매부동산의 후순위 저당권자가 대위등기를 할 경우, 매각대금 외에 선순위 저당권자가 변제받은 금액도 기록하여야 한다.

⑤ 피담보채권의 일부양도를 이유로 저당권의 일부이전등기를 하는 경우, 등기관은 그 양도액도 기록하여야 한다.

20. 말소등기에 관한 설명 중 틀린 것은?

① 등기가 실체관계와 부합하지 않게 된 경우에 기존 등기의 전부를 소멸시킬 목적으로 하는 등기이다.

② 권리의 변경등기를 할 때 등기상 이해관계 있는 제3자의 승낙이 없으면 주등기로 하여야 한다.

③ 전세권자가 소재불명이 된 경우에는 전세권설정자가 제권판결을 첨부하여 단독으로 전세권의 말소등기를 신청할 수 있다.

④ 저당권의 목적이 된 소유권의 말소등기를 신청하는 경우에는 이해관계 있는 제3자인 저당권자의 승낙을 얻을 필요가 없다.

⑤ 농지를 목적으로 하는 전세권설정등기가 마쳐진 경우에는, 당사자의 말소신청이 없더라도 등기관은 이를 직권으로 말소하여야 한다.

21. 부기등기로 행하여지는 등기를 모두 고른 것은?

> ㄱ. 권리소멸약정등기
> ㄴ. 전세권을 목적으로 하는 저당권설정등기
> ㄷ. 이해관계 있는 제3자의 승낙을 얻지 못한 권리의 변경등기
> ㄹ. 등기명의인표시변경등기
> ㅁ. 저당권말소등기

① ㄱ   ② ㄹ, ㅁ   ③ ㄱ, ㄴ, ㄹ
④ ㄴ, ㄷ, ㄹ   ⑤ ㄴ, ㄷ, ㅁ

22. 가등기에 관한 설명으로 옳은 것은?

① 가등기를 명하는 법원의 가처분명령이 있을 때에는 법원의 촉탁으로 가등기를 하여야 된다.

② 소유권이전등기청구권보전가등기에 의하여 소유권이전의 본등기를 한 경우, 가등기 후 본등기 전에 마쳐진 해당 가등기상 권리를 목적으로 하는 가압류등기는 등기관이 직권으로 말소한다.

③ 가등기에 의하여 보전하려는 청구권이 장래에 확정될 것인 경우에는 가등기를 할 수 없다.

④ 가등기에 관한 이해관계 있는 제3자도 가등기 명의인의 승낙을 받아 단독으로 가등기의 말소를 신청할 수 있다.

⑤ 지상권의 설정등기청구권보전가등기에 의하여 지상권 설정의 본등기를 한 경우, 가등기 후 본등기 전에 마쳐진 저당권설정등기는 등기관이 직권으로 말소한다.

23. 등기신청의 각하 사유가 아닌 것은?

① 여러 명의 가등기권리자 중 1인이 자기의 지분만에 관하여 본등기를 신청한 경우

② 구분건물의 전유부분과 대지사용권의 분리처분 금지에 위반한 등기를 신청한 경우

③ 저당권을 피담보채권과 분리하여 양도하거나, 피담보채권과 분리하여 다른 채권의 담보로 하는 등기를 신청한 경우

④ 이미 보존등기된 부동산에 대하여 다시 보존등기를 신청한 경우

⑤ 법령에 근거가 없는 특약사항의 등기를 신청한 경우

24. 처분금지가처분권리자가 승소판결에 의하여 소유권이전등기를 하는 경우 가처분권리자의 해당 가처분등기의 말소절차에 대한 설명으로 옳은 것은?

① 가처분권리자가 가처분의무자와 공동으로 가처분등기말소신청을 하여야 한다.

② 가처분권리자가 단독으로 소유권이전등기와 동시에 가처분등기말소를 신청할 수 있다.

③ 소유권이전등기가 마쳐지면 가처분의 목적이 달성되었으므로 가처분권리자의 신청여부에 관계없이 등기관은 직권으로 가처분등기를 말소하여야 한다.

④ 가처분권리자가 소유권이전등기를 마쳤다고 하더라도 당해 가처분등기는 집행법원의 말소촉탁에 의하여 말소하여야 한다.

⑤ 당해 가처분등기라도 가처분취소판결이 확정되어야 말소할 수 있다.

25. 「지방세법 시행령」 제18조 [사실상 취득가격의 범위 등] 에서 사실상 취득가격에 포함하는 것은?

① 취득하는 물건의 판매를 위한 광고선전비 등의 판매비용과 그 와 관련한 부대비용

② 「전기사업법」, 「도시가스사업법」, 「집단에너지사업법」, 그 밖 의 법률에 따라 전기·가스·열 등을 이용하는 자가 분담하는 비용

③ 이주비, 지장물 보상금 등 취득물건과는 별개의 권리에 관한 보 상 성격으로 지급되는 비용

④ 취득대금 외에 당사자의 약정에 따른 취득자 조건 부담액과 채 무인수액

⑤ 법인이 아닌 자가 취득한 경우 할부 또는 연부(年賦) 계약에 따 른 이자상당액 및 연체료

---

26. 「지방세법」상 취득세에 관한 설명으로 틀린 것은?

① 관계법령에 따라 매립·간척 등으로 토지를 원시취득하는 경우 로서 공사준공인가일 전에 사실상 사용하는 경우에는 그 사실 상 사용일을 취득일로 본다.

② 환매등기를 병행하는 부동산의 매매로서 환매기간 내에 매도자 가 환매한 경우의 그 매도자와 매수자의 취득은 취득세 표준세 율에서 중과기준세율을 뺀 세율로 산출한 금액을 그 세액으로 한다.

③ 무상승계취득한 취득물건을 취득일에 등기·등록한 후 화해조 서·인낙조서에 의하여 취득일부터 60일 이내에 계약이 해제 된 사실을 입증하는 경우에는 취득한 것으로 보지 아니한다.

④ 취득세 과세물건을 무상취득(상속은 제외한다)한 자는 취득일 이 속하는 달의 말일부터 3개월 이내에 그 과세표준에 세율을 적용하여 산출한 세액을 신고하고 납부하여야 한다.

⑤ 지방자치단체에 기부채납을 조건으로 부동산을 취득하는 경우 라도 그 반대급부로 기부채납 대상물의 무상사용권을 제공받는 때에는 그 해당 부분에 대해서는 취득세를 부과한다.

---

27. 「지방세법」상 등록에 대한 등록면허세에 관한 설명으로 틀린 것은 몇 개인가?

> ㄱ. 지방자치단체의 장은 채권자대위자의 부동산의 등기 에 대한 등록면허세 신고납부가 있는 경우 납세의무 자에게 그 사실을 즉시 통보하여야 한다.
>
> ㄴ. 채권금액으로 과세액을 정하는 경우에 일정한 채권금 액이 없을 때에는 채권의 목적이 된 것의 가액 또는 처 분의 제한의 목적이 된 금액을 그 채권금액으로 본다.
>
> ㄷ. 지목이 묘지인 토지의 등록에 대하여 등록면허세를 부과하지 아니한다.
>
> ㄹ. 「한국은행법」 및 「한국수출입은행법」에 따른 은행업 을 영위하기 위하여 대도시에서 법인을 설립함에 따 른 등기를 한 법인이 그 등기일부터 2년 이내에 업종 변경이나 업종 추가가 없는 때에는 등록면허세의 세 율을 중과하지 아니한다.
>
> ㅁ. 등록을 하려는 자가 법정신고기한까지 등록면허세 산 출세액을 신고하지 않은 경우로서 등록 전까지 그 산 출세액을 납부한 때에도 「지방세기본법」에 따른 무신 고가산세가 부과된다.

① 1개   ② 2개   ③ 3개   ④ 4개   ⑤ 5개

---

28. 「지방세법」상 취득세 및 등록면허세에 관한 설명으로 틀린 것은?

① 대한민국 정부기관의 취득에 대하여 과세하는 외국정부의 취득 에 대해서는 취득세를 부과한다.

② 부동산가압류에 대한 등록면허세의 세율은 채권금액의 1천분의 2로 한다.

③ 취득가액이 50만원 이하인 차량의 등록은 등록면허세가 과세되 는 등록에 해당한다.

④ 취득세 납세의무자가 신고 또는 납부의무를 다하지 아니하면 산출세액 또는 그 부족세액에 「지방세기본법」의 규정에 따라 산출한 가산세를 합한 금액을 세액으로 하여 보통징수의 방법 으로 징수한다.

⑤ 지목변경으로 인한 취득세 납세의무자가 신고를 하지 아니하고 매각하는 경우 산출세액에 100분의 80을 가산한 금액을 세액 으로 하여 징수한다.

29. 「지방세법」상 토지에 대한 재산세를 부과함에 있어서 과세대상의 구분(종합합산과세대상, 별도합산과세대상, 분리과세대상)이 틀린 것은 몇 개인가?

> ㄱ. 관계법령에 따른 사회복지사업자가 복지시설이 소비 목적으로 사용할 수 있도록 하기 위하여 1990년 5월 1일부터 소유하는 농지 : 분리과세대상
>
> ㄴ. 종중이 1990년 1월부터 소유하는 농지 : 종합합산과세대상
>
> ㄷ. 1990년 5월 31일 이전부터 종중이 소유하고 있는 임야 : 종합합산과세대상
>
> ㄹ. 과세기준일 현재 계속 염전으로 실제 사용하고 있는 토지 : 분리과세대상
>
> ㅁ. 여객자동차운송사업 면허를 받은 자가 그 면허에 따라 사용하는 차고용 토지(자동차운송사업의 최저보유차고 면적기준의 1.5배에 해당하는 면적 이내의 토지) : 분리과세대상

① 1개　　② 2개　　③ 3개　　④ 4개　　⑤ 5개

30. 다음은 재산세의 납세의무자에 대한 설명이다. 틀린 것은?

① 재산세 과세기준일 현재 재산을 사실상 소유하고 있는 자는 재산세를 납부할 의무가 있다.

② 공부상의 소유자가 매매 등의 사유로 소유권이 변동되었는데도 신고하지 아니하여 사실상의 소유자를 알 수 없을 때에는 공부상 소유자가 재산세를 납부할 의무가 있다.

③ 주택의 건물과 부속토지의 소유자가 다를 경우에는 그 주택에 대한 산출세액을 건축물과 그 부속토지의 시가표준액 비율로 안분계산한 부분에 대해서는 그 소유자를 납세의무자로 본다.

④ 공유재산인 경우에는 그 지분에 해당하는 부분(지분의 표시가 없는 경우에는 지분이 균등한 것으로 봄)에 대해서는 그 지분권자를 납세의무자로 본다.

⑤ 국가와 건축물을 연부로 매매계약을 체결하고 그 건축물의 사용권을 유상으로 부여받은 경우에 그 매수계약자는 재산세를 납부할 의무가 있다.

31. 「지방세법」상 재산세에 관한 설명으로 옳은 것은?

① 「지방세법」 또는 관계 법령에 따라 재산세를 경감할 때에는 과세표준에서 경감대상 토지의 과세표준액에 경감비율(비과세 또는 면제의 경우에는 이를 100분의 100으로 본다)을 곱한 금액을 공제하여 세율을 적용한다.

② 1구(構)의 건물이 주거와 주거 외의 용도로 사용되고 있는 경우에는 주거용으로 사용되는 부분만을 주택으로 본다.

③ 재산세 과세기준일 현재 공부상에 개인 등의 명의로 등재되어 있는 사실상의 종중재산으로서 종중소유임을 신고하지 아니하였을 때에는 종중은 재산세를 납부할 의무가 있다.

④ 재산세 물납신청을 받은 시장·군수·구청장이 물납을 허가하는 경우 물납을 허가하는 부동산의 가액은 물납허가일 현재의 시가로 한다.

⑤ 지방자치단체가 1년 이상 공용으로 사용하는 재산에 대하여는 소유권의 유상이전을 약정한 경우로서 그 재산을 취득하기 전에 미리 사용하는 경우 재산세를 부과하지 아니한다.

32. 「종합부동산세법」상 토지 및 주택에 대한 과세와 부과·징수에 관한 설명으로 옳은 것은?

> ㄱ. 별도합산과세대상인 토지의 재산세로 부과된 세액이 세부담 상한을 적용받는 경우 그 상한을 적용받기 전의 세액을 별도합산과세대상 토지분 종합부동산세액에서 공제한다.
>
> ㄴ. 납세의무자가 법인으로 보지 않는 단체인 경우 주택에 대한 종합부동산세 납세지는 해당 주택의 소재지로 한다.
>
> ㄷ. 과세기준일 현재 주택분 재산세의 납세의무자는 종합부동산세를 납부할 의무가 있다.
>
> ㄹ. 주택분 종합부동산세액을 계산할 때 1주택을 여러 사람이 공동으로 매수하여 소유한 경우 공동 소유자 각자가 그 주택을 소유한 것으로 본다.
>
> ㅁ. 납세의무자가 법인이며 3주택 이상을 소유한 경우 소유한 주택 수에 따라 과세표준에 1.2%~6%의 세율을 적용하여 계산한 금액을 주택분 종합부동산세액으로 한다.

① ㄱ, ㄴ　　　　② ㄱ, ㄴ, ㄷ　　　　③ ㄴ, ㄷ

④ ㄷ, ㄹ　　　　⑤ ㄹ, ㅁ

33. 다음은 납세의무의 성립·확정·소멸에 대한 설명이다. 옳은 것은?

① 소득세는 소득이 발생하는 때에 납세의무가 성립하고, 납세의무자가 과세표준과 세액을 정부에 신고하는 때에 확정된다.

② 재산세는 재산을 취득하는 때에 납세의무가 성립하고, 납세의무자가 과세표준과 세액을 지방자치단체에 신고하는 때에 확정된다.

③ 특별징수란 지방세를 징수할 때 편의상 징수할 여건이 좋은 자로 하여금 징수하게 하고 그 징수한 세금을 납부하게 하는 것을 말한다.

④ 납세자가 소득세를 법정신고기한 내에 과세표준 신고서를 제출하지 아니한 경우에 제척기간은 당해 국세를 부과할 수 있는 날부터 5년간으로 한다.

⑤ 5억원 이상의 국세 징수권은 이를 행사할 수 있는 때로부터 5년간 행사하지 않으면 소멸시효가 완성한다.

34. 「지방세기본법」상 용어의 정의에 대한 설명이다. 틀린 것은?

① "체납액"이란 체납된 지방세와 체납처분비를 말한다.

② "전자신고"란 과세표준 신고서 등 이 법이나 지방세관계법에 따른 신고 관련 서류를 지방세정보통신망 또는 연계정보통신망을 통하여 신고하는 것을 말한다.

③ "전자송달"이란 이 법이나 지방세관계법에 따라 지방세통합정보통신망 또는 연계정보통신망을 이용하여 송달을 하는 것을 말한다.

④ "납세의무자"란 「지방세법」에 따라 지방세를 납부할 의무(지방세를 특별징수하여 납부할 의무를 포함한다)가 있는 자를 말한다.

⑤ "부과"란 지방자치단체의 장이 이 법 또는 지방세관계법에 따라 납세의무자에게 지방세를 부담하게 하는 것을 말한다.

35. 「소득세법」상 거주자의 부동산 임대와 관련하여 발생한 소득에 관한 설명으로 틀린 것은?

① 사업자가 부동산을 임대하고 임대료 외에 전기료·수도료 등 공공요금의 명목으로 지급받은 금액이 공공요금의 납부액을 초과할 때 그 초과하는 금액은 사업소득 총수입금액에 산입한다.

② 주택 1채만을 소유한 거주자가 과세기간 종료일 현재 기준시가 13억원인 해당 주택을 전세금을 받고 임대하여 얻은 소득에 대해서는 소득세가 과세되지 아니한다.

③ 공익사업과 관련된 지상권의 대여로 인한 소득은 부동산임대업에서 발생한 소득으로 한다.

④ 해당 과세기간의 주거용 건물 임대업을 제외한 부동산임대업에서 발생한 결손금은 그 과세기간의 종합소득과세표준을 계산할 때 공제하지 않는다.

⑤ 임대보증금의 간주임대료를 계산하는 과정에서 금융수익을 차감할 때 그 금융수익은 수입이자와 할인료, 수입배당금으로 한다.

36. 「소득세법」상 양도소득세 과세대상 자산의 양도 또는 취득의 시기로 틀린 것은?

① 잔금을 어음이나 기타 이에 준하는 증서로 받은 경우 어음 등의 결제일

② 대금을 청산하기 전에 소유권이전등기를 한 경우에는 등기부에 기재된 등기접수일

③ 부동산의 소유권이 타인에게 이전되었다가 법원의 무효판결에 의하여 당해 자산의 소유권이 환원되는 경우 당해 자산의 취득시기는 법원의 확정판결일

④ 장기할부조건의 경우에는 소유권이전등기(등록 및 명의개서 포함)접수일·인도일 또는 사용수익일 중 빠른 날

⑤ 민법상 점유로 인하여 부동산의 소유권을 취득한 경우에는 당해 부동산의 점유를 개시한 날

37. 아래 자료에 의하여 양도소득세 부담을 최소화하기 위한 양도차익은?

ㄱ. 취득당시 실지거래가액 : 알 수 없음
ㄴ. 양도당시 실지거래가액 : 500,000,000원
ㄷ. 취득당시 기준시가 : 150,000,000원
ㄹ. 양도당시 기준시가 : 400,000,000원
ㅁ. 자본적 지출액 : 200,000,000원
ㅂ. 등기된 자산으로 취득 후 2년 이후 양도에 해당함
ㅅ. 매매사례가액 및 감정가액은 없는 것으로 가정함

① 240,000,000원   ② 244,000,000원

③ 302,500,000원   ④ 308,000,000원

⑤ 300,000,000원

38. 「소득세법」상 미등기양도자산에 관한 설명으로 틀린 것은?

① 양도소득세 비과세요건을 충족한 1세대 1주택으로서 「건축법」에 따른 건축허가를 받지 아니하여 등기가 불가능한 자산은 미등기양도자산에 해당하지 않는다.

② 장기보유특별공제 적용을 배제한다.

③ 미등기양도자산은 양도소득세 산출세액에 100분의 70을 곱한 금액을 양도소득 결정세액에 더한다.

④ 「도시개발법」에 따른 도시개발사업이 종료되지 아니하여 토지 취득등기를 하지 아니하고 양도하는 토지는 미등기양도자산에 해당하지 않는다.

⑤ 취득가액을 실지거래가액에 의하지 않는 경우 주택 취득당시 법령이 정하는 가격에 일정비율을 곱한 금액을 필요경비로 공제한다.

39. 「소득세법」상 거주자의 양도소득세 비과세에 관한 설명으로 옳은 것은 몇 개인가?

> ㄱ. 「국토의 계획 및 이용에 관한 법률」에 따른 주거지역·상업지역·공업지역 외에 있는 농지(환지예정지 아님)를 경작상 필요에 의하여 교환함으로써 발생한 소득은 쌍방 토지가액의 차액이 가액이 큰 편의 4분의 1 이하이고 새로이 취득한 농지를 3년 이상 농지소재지에 거주하면서 경작하는 경우 비과세한다.
>
> ㄴ. 토지와 건물을 각각 다른 세대가 소유하고 있는 경우에는 해당 토지는 1세대 1주택에 부수되는 토지로 보지 아니하는 것이다. 따라서 주택과 그 부수토지의 소유자가 각각 다른 세대원인 경우 해당 부수토지의 양도소득에 대하여는 비과세되지 아니한다. 해당 주택만이 비과세되는 것이다.
>
> ㄷ. 1주택을 보유하는 자가 1주택을 보유하는 자와 혼인함으로써 1세대가 2주택을 보유하게 되는 경우 혼인한 날부터 5년 이내에 먼저 양도하는 주택은 이를 1세대 1주택으로 보아 소득세법 시행령 제154조 제1항을 적용한다.
>
> ㄹ. 1세대 1주택에 대한 비과세 규정을 적용함에 있어 하나의 건물이 주택과 주택 외의 부분으로 복합되어 있는 경우 주택의 연면적이 주택 외의 연면적보다 클 때에는 그 전부를 주택으로 본다.
>
> ㅁ. 1세대 1주택 비과세 요건을 충족하는 고가주택의 양도가액이 16억원이고 양도차익이 4억원인 경우 양도소득세가 과세되는 양도차익은 1억원이다.

① 1개　　② 2개　　③ 3개　　④ 4개　　⑤ 5개

40. 「소득세법」상 거주자의 양도소득세에 관한 설명으로 틀린 것은 몇 개인가?

> ㄱ. 양도소득세 납세의무의 확정은 납세의무자의 신고에 의하지 않고 관할세무서장의 결정에 의한다.
>
> ㄴ. 특수관계인 간의 거래가 아닌 경우로서 취득가액인 실지거래가액을 인정 또는 확인할 수 없어 그 가액을 추계결정 또는 경정하는 경우에는 매매사례가액, 감정가액, 기준시가의 순서에 따라 적용한 가액에 의한다.
>
> ㄷ. 거주자가 국외 토지를 양도한 경우 양도일까지 계속해서 10년간 국내에 주소를 두었다면 양도소득과세표준을 예정신고하여야 한다.
>
> ㄹ. 2023년에 양도한 토지에서 발생한 양도차손은 10년 이내에 양도하는 토지의 양도소득금액에서 이월하여 공제받을 수 있다.
>
> ㅁ. 부동산을 취득할 수 있는 권리의 양도시 기준시가는 양도일까지 불입한 금액과 양도일 현재의 프리미엄에 상당하는 금액을 합한 금액으로 한다.

① 1개　　② 2개　　③ 3개　　④ 4개　　⑤ 5개

수고하셨습니다.
당신의 합격을 응원합니다.

2023년도 제34회 시험대비 THE LAST 모의고사
박윤모 & 정석진 부동산공시법·부동산세법

회차	문제수	시험과목
3회	40	부동산공시법·부동산세법

수험번호		성명	

【수험자 유의사항】

1. 시험문제지의 **총면수, 문제번호, 일련순서, 인쇄상태** 등을 확인하시고, 문제지 표지에 수험번호와 성명을 기재하시기 바랍니다.

2. 답은 각 문제마다 요구하는 **가장 적합하거나 가까운 답 1개**만 선택하고, 답안카드 작성 시 시험문제지 **마킹착오**로 인한 불이익은 전적으로 **수험자에게 책임**이 있음을 알려드립니다.

3. 답안카드는 국가전문자격 공통 표준형으로 문제번호가 1번부터 125번까지 인쇄되어 있습니다. 답안 마킹 시에는 반드시 **시험문제지의 문제번호와 동일한 번호**에 마킹하여야 합니다.

4. **감독위원의 지시에 불응하거나 시험시간 종료 후 답안카드를 제출하지 않을 경우** 불이익이 발생할 수 있음을 알려드립니다.

5. 시험문제지는 시험 종료 후 가져가시기 바랍니다.

6. 답안작성은 **시험시행일 현재 시행되는 법령 등**을 적용하시기 바랍니다.

7. 가답안 의견제시에 대한 개별회신 및 공고는 하지 않으며, **최종 정답 발표로 갈음**합니다.

8. 시험 중 **중간 퇴실은 불가**합니다. 단, 부득이하게 퇴실할 경우 **시험 포기각서 제출 후 퇴실은 가능**하나 **재입실이 불가**하며, **해당시험은 무효처리됩니다.**

박문각은 여러분의 제34회 공인중개사 시험 합격을 진심으로 응원합니다!

부동산공시에 관한 법령 및 부동산 관련 세법

1. 공간정보의 구축 및 관리 등에 관한 법령상 지목이 "대"인 것은 모두 몇 개인가?

> ㄱ. 묘지의 관리를 위한 건축물의 부지
> ㄴ. 고속도로의 휴게소 부지
> ㄷ. 과수원 안에 있는 주거용 건축물의 부지
> ㄹ. 목장용지 안에 있는 주거용 건축물의 부지
> ㅁ. 공장용지 안에 위치한 사무실 부지
> ㅂ. 국토의 계획 및 이용에 관한 법률 규정에 의한 택지조성공사가 준공된 토지

① 1개　　② 2개　　③ 3개　　④ 4개　　⑤ 5개

2. 공간정보의 구축 및 관리 등에 관한 법령상 지상경계점등록부의 등록사항에 해당하는 것을 모두 고르면 몇 개인가?

> ㄱ. 토지소유자와 인접토지소유자의 서명·날인
> ㄴ. 토지의 소재 및 지번
> ㄷ. 공부상 지목과 실제 토지이용 지목
> ㄹ. 토지의 고유번호
> ㅁ. 경계점표지의 종류 및 경계점 위치
> ㅂ. 경계점 위치 설명도와 경계점의 사진 파일

① 1개　　② 2개　　③ 3개　　④ 4개　　⑤ 5개

3. 공간정보의 구축 및 관리 등에 관한 법령상 토지의 등록, 지적공부 등에 관한 설명으로 틀린 것은?

① 지번은 지적소관청이 지번부여지역별로 차례대로 부여한다.
② 신규등록·등록전환을 하는 때에는 새로이 측량하여 각 필지의 면적을 정한다.
③ 합병에 따른 경계·좌표 또는 면적은 지적측량을 하여 결정한다.
④ 토지합병을 하는 경우의 면적결정은 합병 전의 각 필지의 면적을 합산하여 그 필지의 면적으로 한다.
⑤ 지적소관청은 토지의 이동에 따라 지상 경계를 새로 정한 경우에는 지상경계점등록부를 작성·관리하여야 한다.

4. 공인중개사 A가 토지매매를 중개하면서 매수인 B에게 설명한 지적(地籍)에 관한 다음 내용 중 옳은 것은?

① 공인중개사 A는 매수인 B에게 지적도에 표기된 '325-7유'는 지번이 325-7이고, 지목은 '유원지'라고 설명하였다.
② 공인중개사 A는 매수인 B에게 지적도를 확인하여 토지의 '면적'을 설명하였다.
③ 공인중개사 A는 매수인 B에게 경계점좌표등록부를 확인하여 '소재와 지번'을 설명하였다.
④ 공인중개사 A는 매수인 B에게 토지대장을 확인하여 인접 토지와의 '경계'를 설명하였다.
⑤ 공인중개사 A는 매수인 B에게 토지대장을 확인하여 토지의 '소유권 및 제한물권'을 설명하였다.

5. 공간정보의 구축 및 관리 등에 관한 법령상 지적공부의 보존 등에 관한 설명으로 옳은 것을 모두 고른 것은?

> ㄱ. 지적서고는 지적사무를 처리하는 사무실과 연접(連接)하여 설치하여야 한다.
> ㄴ. 지적소관청은 천재지변이나 그 밖에 이에 준하는 재난을 피하기 위하여 필요한 경우에는 지적공부를 해당 청사 밖으로 반출할 수 있다.
> ㄷ. 지적공부를 정보처리시스템을 통하여 기록·저장한 경우 관할 시·도지사, 시장·군수 또는 구청장은 그 지적공부를 지적정보관리체계에 영구히 보존하여야 한다.
> ㄹ. 카드로 된 토지대장·임야대장 등은 200장 단위로 바인더(binder)에 넣어 보관하여야 한다.

① ㄱ, ㄷ　　　② ㄴ, ㄹ　　　③ ㄷ, ㄹ
④ ㄱ, ㄴ, ㄷ　　　⑤ ㄱ, ㄴ, ㄹ

6. 甲토지에 乙토지를 합병하여 토지의 합필등기를 신청하고자 한다. 다음 중 합필등기를 할 수 없는 것은?

① 합필하려는 모든 토지에 등기법 제81조 제1항의 등기사항이 동일한 신탁등기가 있는 경우
② 甲토지와 乙토지의 소유자별 공유지분이 같은 경우
③ 甲토지에는 지상권설정등기, 乙토지에는 지역권설정등기가 있는 경우
④ 甲토지와 乙토지에 모두 근저당권설정등기가 있고, 등기원인 및 그 연월일과 접수번호가 서로 다른 경우
⑤ 甲토지에는 전세권설정등기, 乙토지에는 임차권설정등기가 있는 경우

7. 공간정보의 구축 및 관리 등에 관한 법령상 토지의 이동 신청에 관한 설명으로 틀린 것은?

① 공유수면매립 준공에 의하여 신규등록할 토지가 있는 경우 토지소유자는 그 사유가 발생한 날부터 60일 이내에 관청에 신규등록을 신청하여야 한다.

② 임야도에 등록된 토지를 도시·군 관리계획선에 따라 분할하는 경우 토지소유자는 등록전환을 신청할 수 있다.

③ 토지소유자는 「주택법」에 따른 공동주택의 부지로서 합병할 토지가 있으면 그 사유가 발생한 날부터 60일 이내에 지적소관청에 합병을 신청하여야 한다.

④ 토지소유자는 토지나 건축물의 용도가 변경되어 지목변경을 하여야 할 토지가 있으면 그 사유가 발생한 날부터 60일 이내에 지적소관청에 지목변경을 신청하여야 한다.

⑤ 바다로 되어 말소된 토지가 지형의 변화 등으로 다시 토지가 된 경우 토지소유자는 그 사유가 발생한 날부터 90일 이내에 토지의 회복등록을 지적소관청에 신청하여야 한다.

8. 도시개발사업 등의 시행지역에서 토지이동의 신청에 관한 설명으로 옳은 것은?

① 도시개발사업 등의 착수·변경 또는 완료사실의 신고는 그 사유가 발생한 날부터 20일 내에 지적소관청에 하여야 한다.

② 주택건설사업의 시행자가 파산 등의 이유로 토지이동신청을 할 수 없는 때에는 그 주택의 시공을 보증한 자 또는 입주예정자가 신청할 수 있다.

③ 도시개발사업 등으로 사업의 착수 또는 변경신고가 된 토지에 대해서는 그 사업이 완료되는 때까지 토지소유자 외의 자는 토지의 이동을 신청할 수 없다.

④ 도시개발사업 등의 시행지역에서 그 신청대상지역이 환지처분을 수반하는 경우에는 사업완료신고와 함께 토지이동신청을 하여야 한다.

⑤ 도시개발사업 등으로 인한 토지의 이동은 토지의 형질변경 등의 공사가 착수된 때 그 이동이 있는 것으로 본다.

9. 공간정보의 구축 및 관리 등에 관한 법령상 축척변경위원회의 구성과 회의 등에 관한 설명으로 옳은 것을 모두 고른 것은?

> ㄱ. 위원장은 위원 중에서 시·도지사나 대도시 시장이 지명한다.
> ㄴ. 축척변경위원회는 5명 이상 10명 이하의 위원으로 구성하되, 위원의 2분의 1 이상을 토지소유자로 하여야 한다.
> ㄷ. 축척변경위원회는 축척변경 승인에 관한 사항, 지번별 제곱미터당 금액의 결정과 청산금의 산정에 관한 사항 등을 심의·의결한다.

① ㄱ   ② ㄴ   ③ ㄱ, ㄷ
④ ㄴ, ㄷ   ⑤ ㄱ, ㄴ, ㄷ

10. 다음은 공간정보의 구축 및 관리 등에 관한 법령상 도시개발사업 등 시행지역의 토지이동 신청 특례에 관한 설명이다. ( )에 들어갈 내용으로 옳은 것은?

> • 「도시개발법」에 따른 도시개발사업, 「농어촌정비법」에 따른 농어촌정비사업 등의 사업시행자는 그 사업의 착수·변경 및 완료 사실을 (ㄱ)에(게) 신고하여야 한다.
> • 도시개발사업 등의 착수·변경 또는 완료 사실의 신고는 그 사유가 발생한 날부터 (ㄴ) 이내에 하여야 한다.

① ㄱ : 시·도지사, ㄴ : 15일   ② ㄱ : 시·도지사, ㄴ : 30일
③ ㄱ : 시·도지사, ㄴ : 60일   ④ ㄱ : 지적소관청, ㄴ : 15일
⑤ ㄱ : 지적소관청, ㄴ : 30일

11. 지적공부의 정리에 관한 설명 중 틀린 것은?

① 토지의 표시에 관한 변경등기가 필요한 경우에는 등기완료통지서를 접수한 날부터 30일 이내에 토지소유자에게 통지하여야 한다.

② 토지의 표시에 관한 변경등기가 필요하지 않은 경우에는 지적공부에 등록한 날부터 7일 이내에 토지소유자에게 통지하여야 한다.

③ 지적소관청은 지적공부의 등록사항에 관한 토지이동이 있는 경우에는 토지이동정리결의서를 작성하여야 한다.

④ 지적소관청은 토지소유자의 변동 등에 따른 지적공부를 정리하고자 하는 경우에는 소유자정리결의서를 작성하여야 한다.

⑤ 토지이동에 따른 등기를 할 필요가 있는 경우에 지적소관청은 지체 없이 관할 등기관서에 등기를 촉탁하여야 한다.

12. 공간정보의 구축 및 관리 등에 관한 법령상 지적측량의 적부심사 등에 관한 설명으로 옳은 것은?

① 지적측량 적부심사청구를 받은 지적소관청은 30일 이내에 다툼이 되는 지적측량의 경위 및 그 성과, 해당 토지에 대한 토지이동 및 소유권 변동 연혁, 해당 토지 주변의 측량기준점, 경계, 주요 구조물 등 현황 실측도를 조사하여 지방지적위원회에 회부하여야 한다.

② 지적측량 적부심사청구를 회부받은 지방지적위원회는 부득이한 경우가 아닌 경우 그 심사청구를 회부받은 날부터 90일 이내에 심의·의결하여야 한다.

③ 지방지적위원회는 부득이한 경우에 심의기간을 해당 지적위원회의 의결을 거쳐 60일 이내에서 한 번만 연장할 수 있다.

④ 시·도지사는 지방지적위원회의 지적측량 적부심사 의결서를 받은 날부터 7일 이내에 지적측량 적부심사 청구인 및 이해관계인에게 그 의결서를 통지하여야 한다.

⑤ 의결서를 받은 자가 지방지적위원회의 의결에 불복하는 경우에는 그 의결서를 받은 날부터 90일 이내에 시·도지사를 거쳐 중앙지적위원회에 재심사를 청구할 수 있다.

13. 다음 중 단독으로 신청할 수 있는 등기만을 열거한 것은?

① 소유권보존등기, 수용에 인한 소유권이전등기, 포괄유증에 의한 소유권이전등기

② 소유권보존등기의 말소등기, 신탁등기, 공공용지의 협의취득을 원인으로 한 소유권이전등기

③ 등기명의인표시변경등기, 신탁등기의 말소등기, 소유권보존등기의 말소등기

④ 부동산표시변경등기, 법인의 합병으로 인한 소유권이전등기, 사인증여를 원인으로 한 소유권이전등기

⑤ 상속으로 인한 소유권이전등기, 신탁등기의 말소등기, 포괄유증으로 인한 소유권이전등기

14. 매도인 甲과 매수인 乙이 매매계약을 체결한 후, 등기신청을 하지 않고 있던 중 甲이 사망하였다. 이 때 甲의 상속인 丙과 乙의 소유권이전등기 신청절차에 관련한 다음 설명 중 틀린 것은 모두 몇 개인가?

> ㄱ. 丙은 자신 명의의 상속등기를 마친 후 乙명의의 소유권이전등기를 공동신청하여야 한다.
> ㄴ. 丙과 乙이 소유권이전등기를 공동신청하는 경우, 매매계약서를 등기소에 제공하여야 한다.
> ㄷ. 丙은 가족관계증명서를 첨부정보로 등기소에 제공하여야 한다.
> ㄹ. 丙과 乙이 소유권이전등기를 공동신청하는 경우에는 등기의무자의 등기필정보를 등기소에 제공할 필요가 없다.
> ㅁ. 乙은 丙을 상대로 이행을 명하는 판결에 의하여 소유권이전등기를 단독신청할 수 있다.

① 1개　　② 2개　　③ 3개　　④ 4개　　⑤ 5개

15. 토지수용을 등기원인으로 한 소유권이전등기에 관하여 설명한 것이다. 다음 중 그 내용이 틀린 것은?

① 수용에 의한 소유권이전등기를 할 경우, 그 부동산을 위하여 존재하는 지역권의 등기와 토지수용위원회의 재결로 그 존속이 인정된 권리는 직권말소의 대상이 아니다.

② 수용에 의한 소유권이전등기를 할 경우, 저당권, 전세권, 임차권, 처분금지가처분등기, 수용개시일 이후에 마쳐진 소유권이전등기는 등기관이 직권으로 말소하여야 한다.

③ 수용으로 인한 소유권이전등기신청서에는 등기원인을 토지수용으로, 그 연월일은 수용의 재결일로 기록하여야 한다.

④ 수용재결의 실효를 원인으로 하는 소유권이전등기의 말소등기는 공동으로 신청하여야 한다.

⑤ 수용으로 인한 등기를 신청하는 경우에는 농지취득자격증명을 첨부할 필요가 없다.

16. 소유권이전등기신청에 관한 설명 중 틀린 것은?

① 협의분할에 의한 상속등기를 신청하는 경우에 상속을 증명하는 서면을 첨부하여야 하지만, 등기의무자의 등기필정보는 제공할 필요가 없다.

② 상속으로 인한 소유권이전등기를 신청할 때에는 상속인의 주소를 증명하는 정보를 등기소에 제공하여야 한다.

③ 사인증여를 원인으로 하는 소유권이전등기신청은 등기의무자인 상속인 또는 유언집행자와 등기권리자인 수증자가 공동으로 신청하여야 하며, 유언집행자가 여러 명인 경우에는 그 과반수 이상으로 등기신청을 할 수 있다.

④ 진정명의회복을 원인으로 하는 소유권이전등기를 신청하는 경우 신청정보에는 판결의 확정일을 등기원인일자로 기록하여야 한다.

⑤ 진정명의회복을 원인으로 하는 소유권이전등기를 신청할 때에는 농지취득자격증명 또는 부동산거래신고 등에 관한 법률에 의한 토지거래계약허가증 등을 모두 제출할 필요가 없다.

17. 용익권에 관한 등기에 대한 설명으로 틀린 것은?

① 지역권설정등기는 승역지를 관할하는 등기소에 신청하여야 하고, 요역지에 관한 등기는 등기관이 직권으로 하여야 한다.

② 등기원인에 위약금약정이 있는 경우, 등기관은 전세권설정등기를 할 때 이를 기록하여야 한다.

③ 임대차 차임지급시기에 관한 약정이 있는 경우, 임차권 등기에 이를 기록하지 않으면 임차권 등기는 무효이다.

④ 공유부동산에 전세권을 설정할 경우, 그 등기기록에 기록된 공유자 전원을 등기의무자로 하여야 한다.

⑤ 전세금반환채권의 일부 양도를 원인으로 하는 전세권 일부이전등기의 신청은 전세권 소멸의 증명이 없는 한, 전세권 존속기간 만료 전에는 할 수 없다.

18. 전세권설정등기에 관한 설명 중 틀린 것은?

① 전세권설정등기가 마쳐진 주택에 대하여 전세권자와 같은 사람을 권리자로 하는 주택임차권등기촉탁(법원의 주택임차권등기명령에 의함)은 수리할 수 있다.

② 전세권의 이전등기는 전세권양도인과 전세권양수인이 공동으로 신청하여야 한다.

③ 전세금반환채권의 일부양도를 원인으로 한 전세권 일부이전등기의 신청은 전세권의 존속기간이 만료되기 전에도 할 수 있다.

④ 등기관이 전세금반환채권의 일부양도를 원인으로 한 전세권 일부이전등기를 할 때에는 양도액을 신청정보의 내용으로 등기소에 제공하여야 한다.

⑤ 건물의 공유지분 일부에 대한 전세권은 등기할 수 없다.

19. 변경등기에 관한 다음 설명 중 옳은 것은?

① 건물의 구조가 변경된 경우에는 변경등기를 신청하기 전에 먼저 건축물대장의 기록사항을 변경하여야 한다.

② 토지의 분할, 합병으로 인한 부동산변경등기는 그 토지 소유권의 등기명의인이 그 사유가 발생한 날부터 60일 이내에 그 등기를 신청하여야 한다.

③ 건물의 면적이 변경된 경우에는 부기등기로 변경등기를 하여야 한다.

④ 소유권이전등기를 신청하는 경우 첨부정보에 의하여 등기의무자의 주소변경사실이 명백한 때에는 등기명의인의 표시변경등기도 동시에 신청하여야 한다.

⑤ 법인 아닌 사단이 법인으로 된 경우에는 등기명의인을 법인으로 변경하는 등기를 신청할 수 있다.

20. 말소등기에 관련된 설명으로 틀린 것은?

① 말소등기를 신청하는 경우, 그 말소에 대하여 등기상 이해관계 있는 제3자가 있으면 그 제3자의 승낙이 필요하다.

② 甲이 자신의 부동산에 설정해 준 乙명의의 저당권설정등기를 말소하는 경우, 절차법상 등기의무자는 乙이다.

③ 말소된 등기의 회복을 신청하는 경우, 등기상 이해관계 있는 제3자가 있을 때에는 그 제3자의 승낙이 필요하다.

④ 근저당권이 이전된 후에는, 근저당권의 양수인과 근저당권설정자가 공동으로 근저당권말소등기를 신청하여야 한다.

⑤ 권리의 변경등기를 할 때 등기상 이해관계 있는 제3자가 있으면, 그 제3자의 승낙을 얻어야 한다.

21. 가등기에 대한 다음 설명 중 틀린 것은?

① 가등기권리자는 가등기 의무자의 승낙정보를 첨부하여 단독으로 신청할 수 있다.

② 가등기명의인 甲이 가등기상의 권리를 乙에게 양도하는 경우에는 부기등기로 하여야 한다.

③ 임차권설정등기청구권보전 가등기에 의한 본등기를 마친 경우, 등기관은 가등기 후 본등기 전에 가등기와 동일한 부분에 마쳐진 용익권등기는 등기관이 직권으로 말소할 수 없다.

④ 소유권이전등기청구권보전가등기에 의하여 소유권이전의 본등기를 한 경우, 가등기 후 본등기 전에 마쳐진 해당 가등기상 권리를 목적으로 하는 가압류등기는 등기관이 직권으로 말소할 수 없다.

⑤ 저당권설정등기청구권보전 가등기에 의한 본등기를 한 경우, 등기관은 가등기 후 본등기 전에 마친 제3자 명의의 부동산용익권 등기를 직권말소할 수 없다.

22. 다음 중 등기가 가능한 것은 모두 몇 개인가?

> ㄱ. 법원의 촉탁으로 실행되어야 할 등기를 신청한 경우
> ㄴ. 乙소유 부동산에 대하여 채권자 甲이 신청한 가압류 또는 처분금지가처분등기
> ㄷ. 일부 지분에 대한 소유권보존등기
> ㄹ. 여러 명의 가등기권리자 중 1인이 자기 지분만의 본등기
> ㅁ. 공동상속인 중 1인이 신청하는 자기 상속지분만의 소유권이전등기
> ㅂ. 부동산의 특정일부에 대한 저당권 설정등기
> ㅅ. 부동산의 특정일부에 대한 전세권 설정등기
> ㅇ. 농지를 목적으로 하는 전세권설정등기
> ㅈ. 부동산이 합유지분에 대한 처분금지가처분등기
> ㅊ. 전세권에 대한 가압류등기

① 1개   ② 2개   ③ 3개   ④ 4개   ⑤ 5개

23. 가압류 · 가처분 등기에 관한 설명으로 옳은 것은?

① 소유권에 대한 가압류등기는 부기등기로 한다.
② 처분금지가처분등기가 되어 있는 토지에 대하여는 소유권이전등기를 신청할 수 없다.
③ 가압류등기의 말소등기는 등기권리자와 등기의무자가 공동으로 신청하여야 한다.
④ 부동산에 대한 처분금지가처분등기의 경우, 금전채권을 피보전권리로 기재한다.
⑤ 부동산의 공유지분에 대해서도 가압류등기가 가능하다.

24. 다음 중 연결이 틀린 것은?

①	대지권의 목적인 토지의 표시	건물 등기기록	1동건물의 표제부	신청
②	대지권의 표시	건물 등기기록	전유부분의 표제부	신청
③	소유권 또는 전세권 등이 대지권이라는 뜻의 등기	토지 등기기록	해당구	직권
④	공용부분이라는 뜻의 말소등기	건물 등기기록	전유부분의 표제부	직권
⑤	토지등기기록에 별도등기가 있다는 뜻의 등기	건물 등기기록	1동건물의 표제부	직권

25. 「소득세법」상 양도에 해당하는 것은 몇 개인가?(단, 거주자의 국내 자산으로 가정함)

> ㄱ. 본인 소유 자산을 경매로 인하여 본인이 재취득한 경우
> ㄴ. 매매원인 무효의 소에 의하여 그 매매사실이 원인무효로 판시되어 환원될 경우
> ㄷ. 「도시개발법」이나 그 밖의 법률에 따른 환지처분으로 지목 또는 지번이 변경되는 경우
> ㄹ. 부담부 증여시 그 증여가액 중 채무액에 해당하는 부분을 제외한 부분
> ㅁ. 배우자의 부동산을 취득한 경우로서 그 취득대가를 지급한 사실을 증명한 경우

① 1개   ② 2개   ③ 3개   ④ 4개   ⑤ 5개

26. 「소득세법」상 등기된 토지의 양도차익계산에 관한 설명으로 틀린 것은?(단, 특수관계자와의 거래가 아님)

① 양도와 취득시의 실지거래가액을 확인할 수 있는 경우에는 양도가액과 취득가액을 실지거래가액으로 산정한다.
② 취득당시 실지거래가액을 확인할 수 없는 경우에는 매매사례가액, 환산가액, 감정가액, 기준시가를 순차로 적용하여 산정한 가액을 취득가액으로 한다.
③ 취득가액을 실지거래가액으로 계산하는 경우 자본적 지출액은 필요경비에 포함되고, 취득가액을 매매사례가액으로 계산하는 경우 취득당시 개별공시지가에 3/100을 곱한 금액이 필요경비에 포함된다.
④ 양도가액을 기준시가에 따를 때에는 취득가액도 기준시가에 따른다.
⑤ 환산가액은 양도가액을 추계할 경우에는 적용되지 않지만 취득가액을 추계할 경우에는 적용된다.

27. 거주자 甲의 매매(양도일 : 2023. 5. 1.)에 의한 등기된 토지 취득 및 양도에 관한 다음의 자료를 이용하여 양도소득세 과세표준을 계산하면?(단, 법령에 따른 적격증명서류를 수취·보관하고 있으며, 주어진 조건 이외에는 고려하지 않음)

항 목	기준시가	실지거래가액
양도가액	40,000,000원	60,000,000원
취득가액	35,000,000원	46,000,000원
추가사항	○ 양도비용 : 4,000,000원 ○ 보유기간 : 5년 6개월	

① 10,000,000원   ② 9,000,000원

③ 7,500,000원   ④ 6,500,000원

⑤ 2,500,000원

28. 「소득세법」상 거주자의 양도소득 과세표준 및 세액의 신고·납부에 관한 설명으로 옳은 것은?

① 양도차익이 없거나 양도차손이 발생한 경우에도 양도소득 과세표준의 예정신고를 하여야 한다.

② 건물을 신축하고 그 취득일부터 3년 이내에 양도하는 경우로서 감정가액을 취득가액으로 하는 경우에는 그 감정가액의 100분의 3에 해당하는 금액을 양도소득 결정세액에 가산한다.

③ 토지 또는 건물을 양도한 경우에는 그 양도일부터 2개월 이내에 양도소득 과세표준을 신고해야 한다.

④ 예정신고납부할 세액이 2천만원을 초과하는 때에는 1천만원을 초과하는 금액을 납부기한이 지난 후 2개월 이내에 분할납부할 수 있다.

⑤ 당해연도에 누진세율의 적용대상 자산에 대한 예정신고를 2회 이상 한 자가 법령에 따라 이미 신고한 양도소득금액과 합산하여 신고하지 아니한 경우에는 양도소득 과세표준의 확정신고를 할 필요가 없다.

29. 「소득세법」상 거주자 甲이 2017년 1월 20일에 취득한 건물(취득가액 3억원)을 甲의 배우자 乙에게 2021년 3월 5일자로 증여(해당 건물의 시가 8억원)한 후, 乙이 2023년 10월 28일에 해당 건물을 甲·乙의 특수관계인이 아닌 丙에게 10억원에 매도하였다. 해당 건물의 양도소득세에 관한 설명으로 옳은 것은?(단, 취득·증여·매도의 모든 단계에서 등기를 마침)

① 양도소득세 납세의무자는 甲이며 양도소득세에 대해 甲과 乙이 연대하여 납세의무를 진다.

② 乙이 납부한 증여세는 양도차익 계산시 필요경비에 산입하지 아니한다.

③ 이월과세를 적용하여 계산한 양도소득결정세액이 이월과세를 적용하지 않고 계산한 양도소득결정세액보다 적은 경우에 이월과세를 적용한다.

④ 양도차익 계산시 양도가액에서 공제할 취득가액은 8억원이다.

⑤ 양도소득금액 계산시 장기보유특별공제가 적용된다.

30. 「소득세법」상 거주자의 양도소득세에 관한 설명으로 옳은 것은 몇 개인가?

> ㄱ. 특수관계인에게 증여한 자산에 대해 증여자인 거주자에게 양도소득세가 과세되는 경우 수증자가 부담한 증여세 상당액은 양도가액에서 공제할 필요경비에 산입한다.
>
> ㄴ. 2018년 4월 1일 이후 지출한 자본적지출액은 그 지출에 관한 증명서류를 수취·보관하지 않고 실제 지출사실이 금융거래 증명서류에 의하여 확인되지 않는 경우에도 양도차익 계산시 양도가액에서 공제할 수 있다.
>
> ㄷ. 과세기간별로 이미 납부한 확정신고세액이 관할세무서장이 결정한 양도소득 총결정세액을 초과한 경우 다른 국세에 충당할 수 없다.
>
> ㄹ. A법인과 특수관계에 있는 주주가 시가 3억원(「법인세법」 제52조에 따른 시가임)의 토지를 A법인에게 5억원에 양도한 경우 양도가액은 3억원으로 본다. 단, A법인은 이 거래에 대하여 세법에 따른 처리를 적절하게 하였다.
>
> ㅁ. 증여자인 매형의 채무를 수증자가 인수하는 부담부증여인 경우에는 증여가액 중 그 채무액에 상당하는 부분은 그 자산이 유상으로 사실상 이전되는 것으로 본다.

① 1개   ② 2개   ③ 3개   ④ 4개   ⑤ 5개

31. 「지방세법」상 재산세 과세표준에 대한 설명이다. 틀린 것은?

① 시가표준액이 3억원 이하인 1세대 1주택에 대한 재산세의 과세표준은 시가표준액에 공정시장가액비율(시가표준액의 100분의 43)을 곱하여 산정한 가액으로 한다.

② 시가표준액이 3억원을 초과하고 6억원 이하인 1세대 2주택에 대한 재산세의 과세표준은 시가표준액에 공정시장가액비율(시가표준액의 100분의 60)을 곱하여 산정한 가액으로 한다.

③ 토지에 대한 재산세의 과세표준은 시가표준액으로 한다.

④ 선박에 대한 재산세의 과세표준은 시가표준액으로 한다.

⑤ 주택이 아닌 건축물에 대한 과세표준은 건축물 시가표준액에 100분의 70의 공정시장가액비율을 곱하여 산정한다.

32. 「지방세법」상 재산세 부과 · 징수에 관한 설명으로 틀린 것은?

① 재산세를 물납하려는 자는 납부기한 10일 전까지 납세지를 관할하는 시장 · 군수 · 구청장에게 물납을 신청하여야 한다.

② 해당 연도에 주택에 부과할 세액이 50만원인 경우 납기를 7월 16일부터 7월 31일까지로 하여 한꺼번에 부과 · 징수한다.

③ 재산세는 관할 지방자치단체의 장이 세액을 산정하여 보통징수의 방법으로 부과 · 징수한다.

④ 지방자치단체의 장은 재산세 납부세액이 1천만원을 초과하는 경우에는 납세의무자의 신청을 받아 해당 지방자치단체의 관할 구역에 있는 부동산에 대해서만 법령으로 정하는 바에 따라 물납을 허가할 수 있다.

⑤ 고지서 1장당 징수할 세액이 2천원 미만인 경우에는 해당 재산세를 징수하지 아니한다.

33. 거주자인 개인 甲은 국내에 주택 2채(다가구주택 아님) 및 상가건물 1채를 각각 보유하고 있다. 甲의 재산세 및 종합부동산세에 관한 설명으로 틀린 것은?(단, 甲의 주택은 「종합부동산세법」상 합산배제주택에 해당하지 아니하며, 지방세관계법상 재산세 특례 및 감면은 없음)

① 甲의 주택에 대한 재산세가 20만원을 초과하는 경우 납기는 2분의 1은 7월 16일부터 7월 31일까지이고 나머지 2분의 1은 9월 16일부터 9월 30일까지이다.

② 甲의 상가건물에 대한 재산세는 시가표준액에 법령이 정하는 공정시장가액비율을 곱하여 산정한 가액을 과세표준으로 하여 비례세율을 과세한다.

③ 납세자에게 부정행위가 없으며 특례제척기간에 해당하지 않는 경우, 원칙적으로 납세의무 성립일부터 5년이 지나면 재산세를 부과할 수 없다.

④ 주택분 종합부동산세액에서 공제되는 재산세액은 재산세 표준세율의 100분의 50의 범위에서 가감된 세율이 적용된 경우에는 그 세율이 적용되기 전의 세액으로 하고, 재산세 세부담 상한을 적용받은 경우에는 그 상한을 적용받기 전의 세액으로 한다.

⑤ 종합부동산세 납부세액이 350만원인 경우, 100만원은 납부기한이 지난 날부터 6개월 이내에 분납할 수 있다.

34. 종합부동산세에 관한 설명으로 옳은 것은?(단, 감면과 비과세와 「지방세특례제한법」 또는 「조세특례제한법」은 고려하지 않음)

> ㄱ. 종합부동산세의 물납은 허용되지 않는다.
> ㄴ. 과세표준 합산의 대상에 포함되지 않는 주택을 보유한 납세의무자는 해당 연도 10월 16일부터 10월 31일까지 관할세무서장에게 해당 주택의 보유현황을 신고하여야 한다.
> ㄷ. 관할세무서장이 종합부동산세를 징수하려면 납부기간 개시 5일 전까지 주택분과 토지분을 합산한 과세표준과 세액을 납부고지서에 기재하여 발급하여야 한다.
> ㄹ. 「문화재보호법」에 따른 등록문화재에 해당하는 주택은 과세표준 합산의 대상이 되는 주택의 범위에 포함되지 않는 것으로 본다.
> ㅁ. 주택에 대한 세부담 상한의 기준이 되는 직전 연도에 해당 주택에 부과된 주택에 대한 총세액상당액은 납세의무자가 해당 연도의 과세표준합산주택을 직전 연도 과세기준일에 실제로 소유하였는지의 여부를 불문하고 직전 연도 과세기준일 현재 소유한 것으로 보아 계산한다.

① ㄱ, ㄴ   ② ㄱ, ㄷ   ③ ㄱ, ㄷ, ㅁ
④ ㄱ, ㄴ, ㄹ   ⑤ ㄱ, ㄹ, ㅁ

35. 법정기일 전에 저당권의 설정을 등기한 사실이 등기사항 증명서(부동산등기부 등본)에 따라 증명되는 재산을 매각하여 그 매각금액에서 국세 또는 지방세를 징수하는 경우, 그 재산에 대하여 부과되는 다음의 국세 또는 지방세 중 저당권에 따라 담보된 채권에 우선하여 징수하는 것은 모두 몇 개인가?(단, 가산금은 고려하지 않음)

> ㄱ. 자동차세에 부가되는 지방교육세
> ㄴ. 특정자원분 지역자원시설세
> ㄷ. 취득세에 부가되는 지방교육세
> ㄹ. 부동산임대에 따른 종합소득세
> ㅁ. 소방분에 대한 지역자원시설세
> ㅂ. 종합부동산세
> ㅅ. 재산세에 부가되는 지방교육세

① 1개 ② 2개 ③ 3개 ④ 4개 ⑤ 5개

36. 「지방세기본법」상 부과 및 징수, 불복, 서류의 송달에 관한 설명으로 틀린 것은?

① 지방세에 관한 불복시 불복청구인은 이의신청을 거치지 않고 심판청구를 제기할 수 없다.

② 「지방세기본법」에 따른 과태료의 부과처분을 받은 자는 이의신청 또는 심판청구를 할 수 없다.

③ 이의신청인은 신청 또는 청구 금액이 8백만원인 경우에는 그의 배우자를 대리인으로 선임할 수 있다.

④ 교부에 의한 서류송달의 경우에 송달할 장소에서 서류를 송달받아야 할 자를 만나지 못하였을 때에는 그의 사용인으로서 사리를 분별할 수 있는 사람에게 서류를 송달할 수 있다.

⑤ 기한을 정하여 납세고지서를 송달하였더라도 서류가 도달한 날부터 7일이 되는 날에 납부기한이 되는 경우 지방자치단체의 징수금의 납부기한은 해당 서류가 도달한 날부터 14일이 지난 날로 한다.

37. 「지방세법」상 취득의 시기 등에 관한 설명으로 틀린 것은?

① 건축물을 건축 또는 개수하여 취득하는 경우에는 사용승인서를 내주는 날과 사실상의 사용일 중 빠른 날을 취득일로 본다.

② 증여로 인한 취득의 경우 취득일 전에 등기 또는 등록을 한 경우에는 그 등기일 또는 등록일에 취득한 것으로 본다.

③ 관계 법령에 따라 매립·간척 등으로 토지를 원시취득하는 경우 공사준공인가일 전에 허가를 받은 경우에는 허가일을 취득일로 본다.

④ 토지의 지목변경에 따른 취득은 지목변경일 이전에 그 사용 여부와 관계없이 사실상 변경된 날과 공부상 변경된 날 중 빠른 날을 취득일로 본다.

⑤ 유상승계취득의 경우 사실상의 잔금지급일을 확인할 수 없는 경우로서 계약상 잔금지급일이 명시되지 않은 경우에는 계약일부터 60일이 경과한 날에 취득한 것으로 본다(다만, 계약일부터 60일이 경과한 후 등기한 경우라 가정).

38. 「지방세법」상 취득세 표준세율에서 중과기준세율을 뺀 세율로 산출한 금액을 그 세액으로 하는 것이 아닌 것은? (단, 취득물건은 「지방세법」 제11조 제1항 제8호에 따른 주택 외의 부동산이며 취득세 중과대상이 아님)

① 환매등기를 병행하는 부동산의 매매로서 환매기간 내에 매도자가 환매한 경우의 그 매도자와 매수자의 취득

② 존속기간이 1년을 초과하는 임시건축물의 취득

③ 법인의 합병으로 인한 부동산 취득(사치성 재산 등은 제외)

④ 공유물·총유물의 분할 또는 「부동산 실권리자명의 등기에 관한 법률」에서 규정하고 있는 부동산의 공유권 해소를 위한 지분이전으로 인한 취득. 다만, 등기부등본상 본인 지분을 초과하는 부분의 경우에는 제외한다.

⑤ 상속으로 인한 취득 중 대통령령으로 정하는 1가구 1주택 취득(단, 고급주택 제외) 및 그 부속토지의 취득이나 취득세의 감면대상이 되는 농지의 취

39. 「지방세법」상 취득세에 관한 설명으로 틀린 것은?

① 취득세 과세물건을 취득한 후 중과세 세율 적용대상이 되었을 경우 60일 이내에 산출세액에서 이미 납부한 세액(가산세 제외)을 공제하여 신고·납부하여야 한다.

② 대한민국 정부기관의 취득에 대하여 과세하는 외국정부의 취득에 대해서는 취득세를 부과한다.

③ 무상취득의 경우 해당 취득물건을 등기·등록하지 않고 화해조서·인낙조서에 의하여 취득일부터 60일 이내에 계약이 해제된 사실이 입증되는 경우에는 취득한 것으로 보지 않는다.

④ 납세의무자가 토지의 지목을 사실상 변경한 후 산출세액에 대한 신고를 하지 아니하고 그 토지를 매각하는 경우에는 산출세액에 100분의 80을 가산한 금액을 세액으로 하여 징수한다.

⑤ 세대별 소유주택 수에 따른 중과세율을 적용함에 있어 주택으로 재산세를 과세하는 오피스텔은 해당 오피스텔을 소유한 자의 주택 수에 가산한다.

40. 「지방세법」상 등록면허세에 관한 설명으로 틀린 것은?

① 재산권 기타 권리의 설정·변경 또는 소멸에 관한 사항을 공부에 등기 또는 등록을 받는 등기·등록부상에 기재된 명의자는 등록면허세를 납부할 의무를 진다.

② 저당권 설정 및 이전등기시 채권금액의 1천분의 2를 등록면허세 표준세율로 한다(단, 표준세율을 적용하여 산출한 세액이 부동산등기에 대한 그 밖의 등기 또는 등록세율보다 크다고 가정함).

③ 같은 등록에 관계되는 재산이 둘 이상의 지방자치단체에 걸쳐 있어 등록면허세를 지방자치단체별로 부과할 수 없을 때에는 등록관청 소재지를 납세지로 한다.

④ 임차권 설정 및 이전등기시 임차보증금의 1천분의 2를 등록면허세 표준세율로 한다(단, 표준세율을 적용하여 산출한 세액이 부동산등기에 대한 그 밖의 등기 또는 등록세율보다 크다고 가정함).

⑤ 지방자치단체의 장은 조례로 정하는 바에 따라 등록면허세의 세율을 부동산등기에 대한 표준세율의 100분의 50의 범위에서 가감할 수 있다.

수고하셨습니다.
당신의 합격을 응원합니다.

www.pmg.co.kr

합격까지 박문각

2023년도 제34회 시험대비 THE LAST 모의고사
박윤모 & 정석진 부동산공시법·부동산세법

회차	문제수	시험과목
1회	40	부동산공시법·부동산세법

수험번호		성명	

【정답 및 해설】

박문각은 여러분의 제34회 공인중개사 시험 합격을 진심으로 응원합니다!

합격까지 박문각

1. ⑤	2. ③	3. ⑤	4. ②	5. ③	6. ①	7. ⑤	8. ②
9. ④	10. ⑤	11. ⑤	12. ②	13. ③	14. ④	15. ④	16. ④
17. ⑤	18. ①	19. ⑤	20. ③	21. ④	22. ①	23. ③	24. ④

〈문제분석〉

■ 체감난이도 : 중상

■ 문항분석

난이도 하 4문항	하나도 틀리지 말 것
	5, 8, 12, 16
난이도 중 12문항	최소 반타작
	1, 2, 3, 4, 9, 10, 11, 13, 14, 17, 18, 20
난이도 상 8문항	맨 나중에 풀 것
	6, 8, 15, 19, 21, 22, 23, 24

1. ⑤   난이도 中

① 지적소관청은 지적공부에 등록된 지번을 변경할 필요가 있다고 인정하면 시·도지사나 대도시 시장의 승인을 받아 지번부여지역의 전부 또는 일부에 대하여 지번을 새로 부여할 수 있다. 토지소유자가 지번변경을 신청하는 절차는 규정되어 있지 않다.

② 지적소관청은 토지의 이동현황을 직권으로 조사·측량하여 토지의 지번·지목·면적·경계 또는 좌표를 결정하려는 때에는 토지이용계획이 아닌 토지이동현황 조사계획을 수립하여야 한다.

③ 지적공부에 등록하는 지번, 지목, 면적, 경계 또는 좌표는 토지의 이동이 있을 때 토지소유자의 신청을 받아 지적소관청이 결정한다. 다만, 신청이 없으면 지적소관청이 직권으로 조사·측량하여 결정할 수 있다.

④ 토지가 일시적 또는 임시적인 용도로 사용되는 경우에는 지목변경을 신청할 수 없다.

2. ③   난이도 中

③ 분할지역의 경우 분할 후 필지 중 1필지의 지번은 분할 전의 지번으로 하고, 나머지 필지의 지번은 본번의 최종 부번 다음 순번으로 부번을 부여한다.

3. ⑤   난이도 中

① 물을 상시적으로 직접 이용하여 벼·연(蓮)·미나리·왕골 등의 식물을 주로 재배하는 토지의 지목은 '답'으로 하여야 한다.

② 용수(用水) 또는 배수(排水)를 위하여 일정한 형태를 갖춘 인공적인 수로·둑 및 그 부속시설물의 부지의 지목은 '구거'로 하여야 한다.

③ 축산업 및 낙농업을 하기 위하여 초지를 조성한 토지는 '목장용지'로 하여야 하지만, 목장용지에 설치된 주거용 건축물의 부지의 지목은 '대'로 하여야 한다.

④ 물건 등을 보관하거나 저장하기 위하여 독립적으로 설치된 보관시설물의 부지와 이에 접속된 부속시설물의 부지의 지목은 '창고용지'로 하여야 한다.

4. ②   난이도 中

② 지적소관청은 토지의 이동에 따라 지상경계를 새로 정한 경우에는 '지상경계점등록부'를 작성·관리하여야 한다.

5. ③   난이도 下

③ 경위의측량방법에 의하여 지적확정측량을 시행하는 지역에서 1필지의 면적이 1034.453인 경우에는 등록하여야 할 면적 1034.4를 제외하고, 버려야 할 숫자가 '0.053'이므로 0.05보다 큰 숫자이다. 따라서 앞자리에 '1'을 올려주어야 하므로 지적공부에 등록할 최종면적은 1034.5가 된다.

6. ①   난이도 上

ㄱ. 토지의 지목, ㄷ. 소유자의 성명 또는 명칭, 주소 및 주민등록번호 ㄹ. 개별공시지가, ㅅ. 토지의 면적은 토지대장에는 등록되어 있으나 경계점좌표등록부의 등록사항은 아니다. ㅁ. 좌표는 경계점좌표등록부에는 등록되어 있으나 토지대장의 등록사항은 아니다.

7. ⑤   난이도 上

⑤ 정보처리시스템을 통하여 기록·저장된 지적공부를 열람하거나 그 등본을 발급받으려는 경우에는 특별자치시장, 시장·군수 또는 구청장이나 읍·면·동의 장에게 신청할 수 있다. 시·도지사에게는 신청할 수 없다.

8. ②   난이도 下

부동산종합공부에는 다음의 사항을 등록하여야 한다.

> ① 토지의 표시와 소유자에 관한 사항 (지적공부의 내용)
> ② 건축물의 표시와 소유자에 관한 사항 (건축물대장의 내용)
> ③ 부동산의 가격에 관한 사항 (개별공시지가, 개별주택가격 및 공동주택가격)
> ④ 부동산의 권리에 관한 사항
> ⑤ 토지의 이용 및 규제에 관한 사항 (토지이용계획확인서의 내용)

9. ④   난이도 中

④ 등록전환에 따른 면적을 정할 때 임야대장의 면적과 등록전환될 면적의 차이가 오차의 허용범위 이내인 경우, 임야대장의 면적이 아닌 등록전환될 면적을 등록전환면적으로 결정하여야 한다.

10. ⑤   난이도 中

⑤ 등록사항정정 신청사항이 미등기 토지의 소유자 성명에 관한 사항으로서 명백히 잘못 기재된 경우에는 가족관계기록사항에 관한 증명서에 따라 정정하여야 한다.

11. ④ 난이도 中

동의	지적소관청은 **토지소유자 2/3 이상의** 동의를 얻어야 한다.
의결	① 지적소관청은 축척변경위원회의 의결을 거쳐야 한다. ② 축척변경위원회의 위원은 **5명 이상 10명 이내**의 위원으로 구성하되, 위원의 1/2 이상을 토지소유자로 하여야 한다. 이 경우 그 축척변경 시행지역의 토지소유자가 **5명 이하**일 때에는 **토지소유자 전원**을 위원으로 위촉하여야 한다.
승인	지적소관청은 **시·도지사 또는 대도시 시장의 승인**을 받아야 한다.
시행 공고	지적소관청은 시·도지사 또는 대도시 시장의 승인을 얻은 때에는 지체 없이 **20일 이상** 공고하여야 한다.
경계 표시	토지소유자 또는 점유자는 **시행공고가 있는 날부터 30일 이내**에 현재의 점유상태를 표시하는 경계점표지를 설치하여야 한다.
시행	시행공고일 현재의 지적공부상의 면적과 측량 후의 면적을 비교하여 그 변동사항을 표시한 **지번별 조서를** 작성하여야 한다.
청산금	축척변경위원회의 의결을 거쳐 제곱미터(m²)당 금액을 결정하여야 한다.
	청산금이 결정되었다는 뜻을 **15일 이상** 공고하여 열람할 수 있게 한다.
	① 공고일로부터 **20일 이내**에 납부고지(6개월 이내 납부) 및 수령통지(6개월 이내 지급)를 하여야 한다. ② 납부고지 또는 수령통지된 청산금에 관하여 이의가 있는 자는 납부고지 또는 수령통지를 받은 날부터 **1개월 이내**에 지적소관청에 **이의신청**을 할 수 있다. 이의신청을 받은 지적소관청은 **1개월 이내**에 축척변경위원회의 **심의·의결**을 거쳐 그 인용(認容)여부를 결정한 후 지체 없이 그 내용을 이의신청인에게 **통지**하여야 한다.
확정 공고	**청산금의 납부 및 지급**이 완료된 때에는 지체 없이 축척변경의 **확정공고**를 하여야 한다. 이 경우 **확정공고일**에 **토지의 이동**이 있는 것으로 본다.

12. ② 난이도 下

① 기초측량	**지적기준점**을 정하는 경우
② 지적확정측량	도시**개발**사업 등의 시행지역에서 토지의 이동이 있는 경우
③ 지적복구측량	지적공부를 **복구**하는 경우
④ 신규등록측량	토지를 **신규등록**하는 경우
⑤ 등록전환측량	토지를 **등록전환**하는 경우
⑥ 분할측량	토지를 **분할**하는 경우
⑦ 등록말소측량	바다가 된 토지의 **등록말소**를 하는 경우
⑧ 등록사항정정측량	
⑨ 축척변경측량	
⑩ 경계복원측량	**경계점**을 지상에 **복원**하는 경우
⑪ 지적현황측량	지상건축물 등의 **현황**을 도면에 등록된 경계와 대비하여 표시하는 데에 필요한 경우
⑫ 지적재조사측량	**지적재조사**사업에 따라 토지의 이동이 있는 경우
⑬ 검사측량	지적측량성과를 **검사**하는 경우

13. ③ 난이도 中

① 아파트 입주자대표회의 명의로 그 대표자 또는 관리인이 등기를 신청할 수 있다.
② 동(洞) 명의로 동민들이 법인 아닌 사단을 설립한 경우에는 그 대표자가 동 명의로 등기신청을 하여야 한다.
④ 지방자치단체는 등기신청의 당사자능력이 인정되지만, 읍·면은 등기신청적격이 인정되지 아니한다.
⑤ 법인 아닌 사단·재단의 경우에는 법인 아닌 사단·재단 명의로 대표자가 등기를 신청하여야 한다.

14. ④ 난이도 中

④ 공유물을 분할하는 판결에 의한 등기는 등기권리자 또는 등기의무자가 단독으로 신청한다(법 제23조). 따라서 소송의 원고뿐만 아니라 피고의 지위에 있는 자도 등기를 신청할 수 있다.

15. ④ 난이도 上

ㄱ. 의사진술을 명하는 이행판결에 의한 소유권이전등기는 승소한 자가 단독으로 신청한다.
ㄴ. 전세권자가 소유권을 취득한 경우에는 혼동에 의한 말소등기에 해당하므로 단독으로 신청한다.
ㄷ. 전세금 증액에 따른 전세권변경등기는 전세권설정자와 전세권자가 공동으로 신청하여야 한다.
ㄹ. 법원의 가처분명령에 따른 가등기는 가등기권리자가 단독으로 신청할 수 있다.
ㅁ. 토지수용의 재결실효를 원인으로 하는 소유권이전등기의 말소등기는 공동으로 신청하여야 한다.

16. ④ 난이도 下

ㄱ. 대위신청에 따른 등기를 한 경우, 등기관은 甲에게 등기필정보가 아닌 등기완료통지를 하여야 한다.
ㄴ. 대위신청에 따른 등기를 한 경우, 등기관은 乙에게 등기필정보가 아닌 등기완료의 통지를 하여야 한다.
ㄷ. 대위등기신청에서 등기권리자는 乙이고, 등기신청인은 甲이다.

17. ⑤ 난이도 中

⑤ 소유권이전청구권보전의 가등기를 신청하는 경우에는 토지거래허가정보를 등기소에 제공하여야 하지만, 농지취득자격증명정보는 본등기를 신청하는 경우에 제공하여야 한다.

18. ① 난이도 中

① 등기관이 새로운 권리에 관한 등기를 마쳤을 때에는 등기필정보를 작성하여 등기권리자에게 통지하여야 한다. 따라서 ㄴ. 매도인과 매수인이 공동신청한 소유권이전등기를 마친 경우에는 등기필정보를 작성하여 통지하여야 한다. 그러나 등기명의인이 신청하지 아니한 등기(ㄱ·ㄷ·ㄹ)와 말소등기(ㅁ), 관공서의 촉탁등기(ㅂ)는 등기필정보를 통지하지 아니한다.

19. ⑤ 난이도 上

① 소유권보존등기는 단독신청하는 등기이므로, 등기의무자의 등기필정보를 등기소에 제공할 필요가 없다.
② 소유권보존등기의 신청정보에는 신청근거조항은 기록하여야 하지만, 등기원인과 그 연월일은 기록하지 아니한다.
③ 규약에 따라 공용부분으로 등기된 후 그 규약이 폐지된 경우, 그 공용부분 취득자는 소유권보존등기를 신청하여야 한다.
④ 공용부분이라는 뜻의 말소등기는 등기관이 직권으로 하여야 한다.

20. ③   난이도 中

① 수익자 또는 위탁자는 수탁자를 대위하여 신탁등기를 신청할 수 있다.

② 신탁등기의 신청은 해당 신탁으로 인한 권리의 이전 또는 보존이나 설정등기의 신청과 함께 1건의 신청정보로 일괄 신청한다.

④ 등기관이 권리의 이전 또는 보존이나 설정등기와 함께 신탁등기를 할 때에는 하나의 순위번호를 사용하여야 한다.

⑤ 수탁자가 여러 명인 경우 등기관은 신탁재산이 합유인 뜻을 기록하여야 한다.

21. ④   난이도 上

④ 전세금반환채권의 일부 양도를 원인으로 하는 전세권 일부이전등기의 신청은 전세권 소멸의 증명이 없는 한, 전세권 존속기간 만료 전에는 할 수 없다.

22. ①   난이도 上

① 甲 소유 부동산에 대하여 乙 명의의 전세권등기를 말소하라는 판결을 받았다고 하더라도 그 판결에 의하여 전세권말소등기를 신청할 때에는 丙의 승낙서 또는 丙에게 대항할 수 있는 재판의 등본을 첨부해야 한다.

23. ③   난이도 上

① 甲소유의 부동산에 대하여 乙명의의 근저당권설정등기, 丙명의의 소유권이전등기가 순차적으로 마쳐진 후에, 甲과 乙 사이의 근저당권설정등기를 피담보채권의 변제를 이유로 말소하고자 하는 경우에 甲은 말소등기를 청구할 수 있고, 丙도 말소등기를 청구할 수 있다.

② 甲소유의 부동산에 대하여 乙명의의 근저당권설정등기, 丙명의의 소유권이전등기가 순차적으로 마쳐진 후에, 甲과 乙 사이의 근저당권설정등기를 원인무효를 이유로 말소하고자 하는 경우에 丙은 말소등기를 청구할 수 있지만, 甲은 말소등기를 청구할 수 없다.

④ 甲소유로 등기된 토지에 설정된 乙명의의 근저당권을 丙에게 이전하는 등기를 신청하는 경우, 등기의무자는 乙이다.

⑤ 甲소유로 등기된 토지에 설정된 乙명의의 근저당권을 丙에게 이전한 후, 근저당권말소등기를 신청하는 경우, 등기의무자는 丙이다.

24. ④   난이도 上

④ 甲이 乙소유 토지에 대한 소유권이전청구권을 보전하기 위하여 가등기를 한 후 乙이 그 토지를 丙에게 양도한 경우에는, 甲의 본등기 청구의 상대방은 丙이 아닌 乙이다.

<table>
<tr><td colspan="9" align="center">**부동산 관련 세법**</td></tr>
<tr><td>25. ④</td><td>26. ③</td><td>27. ③</td><td>28. ③</td><td>29. ②</td><td>30. ⑤</td><td>31. ③</td><td>32. ④</td><td></td></tr>
<tr><td>33. ①</td><td>34. ②</td><td>35. ②</td><td>36. ⑤</td><td>37. ⑤</td><td>38. ⑤</td><td>39. ③</td><td>40. ①</td><td></td></tr>
</table>

⟨문제분석⟩

■ 체감난이도 : 중

■ 문항분석

난이도 하	하나도 틀리지 말 것
7문항	26, 31, 32, 33, 35, 37, 39
난이도 중	최소 반타작
6문항	25, 27, 28, 29, 34, 38
난이도 상	맨 나중에 풀 것
3문항	30, 36, 40

Tip 기출점수 올리는 방법

① 세목부터 동그라미
  - 소득세, 양도소득세, 취득세, 등록면허세, 재산세, 종합부동산세

② 어느 파트를 묻는 것인가를 파악하여 동그라미
  - 납세의무자, 과세대상, 과세표준, 세율, 부과·징수, 비과세

③ 틀린 것은? 문제에서 ①이 틀린 것이면 ②~⑤는 읽지 않는다.

④ 처음 보는 지문은 무조건 통과를 외친다.

25. ④   난이도 中

④ 비거주자가 국내 주택을 양도한 경우 양도소득세 납세지는 국내 사업장의 소재지(양도한 주택의 소재지)이다.

26. ③   난이도 下

③ 이혼으로 인하여 혼인 중에 형성된 부부공동재산을 「민법」 제839조의2에 따라 재산분할하는 경우 : 양도로 보지 않는다.

27. ③   난이도 中

③ 양도자산의 보유기간 중에 그 자산의 감가상각비로서 사업소득금액의 계산시에 필요경비로 산입한 금액과 매입시 기업회계기준에 따라 발생한 현재가치할인차금 중 보유기간 동안 사업소득의 필요경비로 산입된 것은 양도차익을 산정하는 경우 필요경비에 해당하지 않는다.

28. ③   난이도 中

※ 옳은 것 : ㄴ, ㄹ, ㅁ

㉠ 보유기간이 17년인 등기된 상가건물의 장기보유특별공제액은 양도차익의 100분의 30이다.

㉢ 1세대 2주택 중 3년 이상 보유한 등기된 주택(조정대상지역에 소재하지 않음)을 양도한 경우 장기보유특별공제를 적용받을 수 있다.

29. ②   난이도 中

② 소득세법상 국외자산의 양도에 대한 양도소득세 과세에 있어서 국내자산의 양도에 대한 양도소득세 규정 중 양도소득의 부당행위계산은 준용한다.

30. ⑤ 난이도 上

⑤ 모두 옳은 설명이다.

31. ③ 난이도 下

③ 국가, 지방자치단체 또는 지방자치단체조합에 귀속 또는 기부채납을 조건으로 취득하는 부동산에 대하여는 취득세를 부과하지 아니한다.

32. ④ 난이도 下

④ 상속에 따른 무상취득의 경우 시가표준액을 취득당시가액으로 한다.

33. ① 난이도 下

① 취득세 과세물건을 취득한 자는 그 취득한 날부터 60일 이내, 상속으로 인한 경우는 상속개시일이 속하는 달의 말일부터 6개월 이내에 그 과세표준에 세율을 적용하여 산출한 세액을 신고하고 납부하여야 한다.

34. ② 난이도 中

(1) 옳은 것 : ㄱ, ㄷ, ㅁ (3개)
(2) 틀린 것 : ㄴ, ㄹ (2개)
ㄴ. 부동산 등록에 대한 신고가 없는 경우 등록 당시 시가표준액을 과세표준으로 한다.
ㄹ. 대도시 밖에 있는 법인의 본점이나 주사무소를 대도시로 전입함에 따른 등기는 법인등기에 대한 세율의 100분의 300을 적용한다.

35. ② 난이도 下

② 주택에 대한 재산세는 납세의무자별로 해당 지방자치단체의 관할구역에 있는 주택의 과세표준을 합산하지 않고 독립된 매1구의 주택 가액을 각각의 과세표준으로 하여 주택의 세율을 적용한다.

36. ⑤ 난이도 上

⑤ 과세기준일 현재 계속 염전으로 실제 사용하고 있는 토지 : 0.2% 저율분리
① 과세기준일 현재 특별시지역의 도시지역 안의 녹지지역에서 실제 영농에 사용되고 있는 개인이 소유하는 전(田) : 0.07% 저율분리
② 1990년 5월 31일 이전부터 관계법령에 의한 사회복지사업자가 복지시설의 소비용(消費用)에 공(供)하기 위하여 소유하는 농지 : 0.07% 저율분리
③ 산림의 보호육성을 위하여 필요한 임야로서 자연공원법에 의하여 지정된 공원자연환경지구 안의 임야 : 0.07% 저율분리
④ 1990년 5월 31일 이전부터 종중이 소유하고 있는 임야 : 0.07% 저율분리

37. ⑤ 난이도 下

⑤ 「도로법」에 따른 도로와 그 밖에 일반인의 자유로운 통행을 위하여 제공할 목적으로 개설한 사설 도로는 재산세를 비과세한다.

38. ⑤ 난이도 中

종합부동산세 과세대상은 ⑤이다.
⑤ 여객자동차운송사업 면허를 받은 자가 그 면허에 따라 사용하는 차고용 토지(자동차운송사업의 최저보유차고면적기준의 1.5배에 해당하는 면적 이내의 토지) : 별도합산과세대상 → 종합부동산세 과세대상(○)
① 회원제 골프장용 토지(회원제 골프장업의 등록시 구분등록의 대상이 되는 토지) : 분리과세대상 → 종합부동산세 과세대상(×)
② 상업용 건축물(오피스텔 제외) : 종합부동산세 과세대상(×)
③ 관계법령에 따른 사회복지사업자가 복지시설이 소비목적으로 사용할 수 있도록 하기 위하여 1990년 5월 1일부터 소유하는 농지 : 분리과세대상 → 종합부동산세 과세대상(×)
④ 취득세 중과세대상인 고급오락장 : 종합부동산세 과세대상(×)

39. ③ 난이도 下

※ 옳은 것 : ㄴ, ㄹ (2개)
ㄱ. 소득세 : 소득을 지급하는 때 → 과세기간이 끝나는 때
ㄷ. 취득세 : 취득한 날부터 60일이 되는 날 → 과세물건을 취득하는 때
ㅁ. 재산세 : 매년 7월 1일 → 과세기준일(매년 6월 1일)

40. ① 난이도 上

※ 보유단계, 국세, 부가세 : ㄴ
ㄱ. 재산세 : 보유단계, 지방세, 본세
ㄴ. 농어촌특별세 : 취득단계·보유단계·양도단계, 국세, 부가세
ㄷ. 종합부동산세 : 보유단계, 국세, 본세
ㄹ. 지방교육세 : 취득단계·보유단계, 지방세, 부가세
ㅁ. 소방분에 대한 지역자원시설세 : 보유단계, 지방세, 본세

수고하셨습니다.
당신의 합격을 응원합니다.

2023년도 제34회 시험대비 THE LAST 모의고사
박윤모 & 정석진 부동산공시법·부동산세법

회차	문제수	시험과목
2회	40	부동산공시법·부동산세법

수험번호		성명	

【정답 및 해설】

부동산공시에 관한 법령

1. ①	2. ②	3. ②	4. ①	5. ③	6. ③	7. ②	8. ④
9. ③	10. ③	11. ⑤	12. ③	13. ④	14. ③	15. ③	16. ④
17. ①	18. ④	19. ③	20. ④	21. ③	22. ④	23. ①	24. ③

〈문제분석〉

■ 체감난이도 : 중상

■ 문항분석

난이도 하 6문항	하나도 틀리지 말 것
	1, 4, 10, 14, 16, 19
난이도 중 12문항	최소 반타작
	2, 3, 7, 8, 11, 12, 13, 17, 18, 20, 21, 23
난이도 상 6문항	맨 나중에 풀 것
	5, 6, 9, 15, 22, 24

1. ①
난이도 下

② 임야대장 및 임야도에 등록하는 토지의 지번은 숫자 앞에 "산"자를 붙인다.

③ 지번은 본번(本番)과 부번(副番)으로 구성하며, 북서에서 남동으로 순차적으로 부여한다.

④ 분할의 경우에는 분할 후의 필지 중 1필지의 지번은 분할 전의 지번으로 하고, 나머지 필지의 지번은 본번의 최종 부번 다음 순번으로 부번을 부여한다. 이 경우 주거·사무실 등의 건축물이 있는 필지에 대해서는 분할 전의 지번을 우선하여 부여하여야 한다.

⑤ 지적소관청은 축척변경으로 지번에 결번이 생긴 때에는 지체없이 그 사유를 결번대장에 적어 영구히 보존하여야 한다.

2. ②
난이도 中

② 저유소(貯油所) 및 원유저장소의 부지와 이에 접속된 부속시설물의 부지는 "주유소용지"로 한다.

3. ②
난이도 中

분할에 따른 지상 경계는 지상건축물을 걸리게 결정해서는 아니 된다. 다만, 다음의 어느 하나에 해당하는 경우에는 지상건축물을 걸리게 결정할 수 있다.

> ① 법원의 확정판결에 따라 토지를 분할하는 경우
> ② 공공사업 등에 따라 학교용지·도로·철도용지·제방·하천·구거·유지·수도용지 등의 지목으로 되는 토지를 분할하는 경우
> ③ 도시개발사업등의 사업시행자가 사업지구의 경계를 결정하기 위하여 토지를 분할하는 경우
> ④ 「국토의 계획 및 이용에 관한 법률」 규정에 따른 도시·군관리계획 결정고시와 지형도면 고시가 된 지역의 도시·군관리계획선에 따라 토지를 분할하는 경우

4. ①
난이도 下

① 경위의측량방법으로 세부측량을 한 지역의 필지별 면적측정은 좌표면적계산법에 의하여야 한다.

지 역	축 척	측량방법	경계점좌표등록부	면적측정방법
농·어촌지역	1/1200	평판측량	갖추어 두지 않는 지역	전자면적측정기
도시개발사업지역 (지적확정측량실시지역)	1/500 1/600	경위의측량	갖추어 두는 지역	좌표면적계산법

5. ③
난이도 上

③ 경계점좌표등록부를 갖추어 두는 지역에서는 도면으로 측량할 수 없다.

※경계점좌표등록부를 갖추어 두는 지역의 지적도

> ① 경계점좌표등록부를 갖추어 두는 지역의 지적도에는 도면의 제명 끝에 '좌표'라고 표시하여야 한다.
> ② 경계점좌표등록부를 갖추어 두는 지역의 지적도에는 도곽선의 오른쪽 아래 끝에 '이 도면으로 측량할 수 없음'이라고 기록하여야 한다.
> ③ 경계점좌표등록부를 갖추어 두는 지역의 지적도에는 '좌표에 의하여 계산된 경계점간의 거리'를 등록하여야 한다.

6. ③
난이도 上

ㄷ. 토지의 소재와 지번, 지목, 면적, 소유권의 지분은 토지대장의 등록사항이지만, 소유권의 지분은 공유지연명부와 대지권등록부의 등록사항이다.

ㅁ. 토지의 소재와 지번, 고유번호는 공유지연명부의 등록사항이지만, 토지의 이동사유는 토지(임야)대장에만 등록하는 사항이다.

7. ②
난이도 中

ㄷ. 토지소유자는 지적공부의 등록사항에 잘못이 있음을 발견하면 지적소관청에 그 정정을 신청할 수 있다. 읍·면·동의 장에게는 정정신청을 할 수 없다.

ㅁ. 지적소관청은 '불일치 등록사항'에 대해서는 등록사항을 관리하는 기관의 장에게 그 내용을 통지하여 등록사항 정정을 요청할 수 있다.

8. ④
난이도 中

①②③⑤는 직권정정사유에 해당하지 아니한다.

※지적소관청이 직권정정 하여야 하는 경우는 다음과 같다.

> ① 지적측량성과와 다르게 정리된 경우
> ② 토지이동정리결의서의 내용과 다르게 정리된 경우
> ③ 지적공부의 작성 또는 재작성 당시 잘못 정리된 경우
> ④ 지적공부의 등록사항이 잘못 입력된 경우
> ⑤ 면적환산이 잘못된 경우
> ⑥ 도면에 등록된 필지가 면적의 증감 없이 경계의 위치만 잘못된 경우
> ⑦ 임야대장의 면적과 등록전환 될 면적의 차이가 허용범위를 초과하는 경우
> ⑧ 지적위원회의 의결서 내용에 따라 등록사항을 정정하여야 하는 경우

9. ③

③ 지적소관청은 축척변경에 관한 측량을 완료하였을 때에는 축척변경 신청일 현재의 지적공부상의 면적과 측량 후의 면적을 비교하여 그 변동사항을 표시한 지번별조서를 작성하여야 한다.

10. ③

③ 지적공부에 등록된 **토지소유자의 변경사항**은 등기관서에서 등기한 것을 증명하는 **등기완료통지서, 등기필증, 등기사항증명서 또는 등기관서에서 제공한 등기전산정보자료**에 따라 정리한다. 다만, 신규등록하는 토지의 소유자는 지적소관청이 직접 조사하여 등록한다.

11. ⑤

① 지적측량 적부심사청구를 받은 시·도지사는 30일 이내에 다툼이 되는 지적측량의 경위 및 그 성과, 해당 토지에 대한 토지이동 및 소유권 변동 연혁, 해당 토지 주변의 측량기준점, 경계, 주요 구조물 등 현황 실측도를 조사하여 지방지적위원회에 회부하여야 한다.

② 지적측량 적부심사청구를 회부받은 지방지적위원회는 부득이한 경우가 아닌 경우 그 심사청구를 회부받은 날부터 60일 이내에 심의·의결하여야 한다.

③ 지방지적위원회는 부득이한 경우에 심의기간을 해당 지적위원회의 의결을 거쳐 30일 이내에서 한 번만 연장할 수 있다.

④ 시·도지사는 지방지적위원회의 지적측량 적부심사 의결서를 받은 날부터 7일 이내에 지적측량 적부심사청구인 및 이해관계인에게 그 의결서를 통지하여야 한다.

12. ③

③ 지적측량의 측량기간은 5일로 하며, 측량검사기간은 4일로 한다. 다만, 지적기준점을 설치하여 측량 또는 측량검사를 하는 경우 지적기준점이 15점 이하인 경우에는 4일을, 15점을 초과하는 경우에는 4일에 15점을 초과하는 4점마다 1일을 가산한다. 이와 같은 기준에도 불구하고, 지적측량의뢰인과 지적측량수행자가 서로 합의하여 따로 기간을 정하는 경우에는 그 기간에 따르되, 전체기간의 4분의 3은 측량기간으로, 전체기간의 4분의 1은 측량검사기간으로 본다.

13. ④

④ 1동의 건물에 속하는 구분건물 중 일부 만에 관하여 소유권보존등기를 신청하는 경우에는 나머지 구분건물의 표시에 관한 등기를 동시에 대위하여 신청하여야 한다.

14. ③

③ 상속에 의한 소유권이전등기를 신청하는 경우에는 등기필정보를 등기소에 제공할 필요가 없지만, 유증에 의한 소유권이전등기를 신청하는 경우에는 등기의무자의 등기필정보를 등기소에 제공하여야 한다.

15. ③

③ 승소한 등기의무자가 단독으로 권리에 관한 등기를 신청한 경우에는, 등기권리자에게 등기필정보를 통지할 필요가 없지만, 승소한 등기권리자가 단독으로 권리에 관한 등기를 신청한 경우에는, 등기필정보를 작성하여 통지하여야 한다.

16. ④

④ 이의신청에 대하여 등기관이 이의가 이유 없다고 인정한 경우에는 이의신청일로부터 3일 이내에 의견을 붙여 이의신청서를 관할 지방법원에 보내야 한다.

17. ①

② 대장상 소유권이전등록을 받은 자는 최초의 소유자명의로 보존등기를 마친 후 자기명의로 소유권이전등기를 하여야 한다.

③ 토지대장상 소유자 표시란이 공란으로 되어 있어서 대장상의 소유자를 특정할 수 없는 경우에는 국가를 상대로 자신의 소유임을 확정하는 내용의 판결을 받아 소유권보존등기를 신청할 수 있다.

④ 지적공부에 최초의 소유자로 등록된 국가로부터 소유권이전등록을 받은 자는 자신 앞으로 직접 소유권보존등기를 할 수 있다.

⑤ 소유권보존등기를 신청할 때에는 등기의무자가 없으므로, 등기의무자의 등기필정보를 등기소에 제공하지 아니한다.

18. ④

① 유증에 기한이 붙은 경우에는 그 기한이 도래한 날을 등기원인일자로 기록한다.

② 유증으로 인한 소유권이전등기는 상속등기를 거치지 않고 수증자 명의로 직접 소유권이전등기를 신청하여야 한다.

③ 상속등기가 이미 마쳐진 경우에는 그 상속등기를 말소하지 않고, 유증자로부터 수증자 명의로 유증을 원인으로 한 소유권이전등기를 신청하여야 한다.

④ 유증으로 인한 소유권이전등기청구권보전의 가등기신청은 유언자가 생존 중인 경우에는 이를 수리할 수 없고, 유언자가 사망한 경우에는 수리하여야 한다.

19. ③

③ 공동담보의 목적물이 5개 이상 제공되는 경우에만, 등기관은 공동담보목록을 작성하여야 한다.

20. ④

④ 말소등기에 관한 이해관계 있는 제3자가 있는 경우에는 그 제3자의 승낙정보 또는 이에 대항할 수 있는 재판이 있음을 증명하는 정보를 반드시 등기소에 제공하여야 한다. 따라서 저당권의 목적이 된 소유권의 말소등기를 신청하는 경우에도 이해관계 있는 제3자인 저당권자의 승낙을 반드시 얻어야 한다.

21. ③

ㄷ. 이해관계 있는 제3자의 승낙을 얻지 못한 권리의 변경등기는 주등기로 하여야 한다.

ㅁ. 저당권말소등기는 주등기로 하여야 한다.

22. ④   난이도 上

① 가등기를 명하는 법원의 가처분명령이 있을 때에는 가등기권리자가 단독으로 가등기를 신청하여야 한다.

② 소유권이전등기청구권보전가등기에 의하여 소유권이전의 본등기를 한 경우, 가등기 후 본등기 전에 마쳐진 해당 가등기상 권리를 목적으로 하는 가압류등기는 등기관이 직권으로 말소할 수 없다.

③ 가등기에 의하여 보전하려는 청구권이 장래에 확정될 것인 경우에는 가등기를 할 수 있다.

⑤ 지상권의 설정등기청구권보전가등기에 의하여 지상권 설정의 본등기를 한 경우, 가등기 후 본등기 전에 마쳐진 저당권설정등기는 등기관이 직권으로 말소할 수 없다.

23. ①   난이도 中

① 여러 사람의 가등기권리자 중 1인이 자기 지분만에 관한 본등기는 신청할 수 있지만, 그 1인이 전원 명의의 본등기는 신청할 수 없다.

24. ③   난이도 上

③ 승소한 가처분채권자가 소유권이전등기를 단독신청하는 때에는 그 가처분등기 이후에 마쳐진 등기로서 가처분채권자의 권리를 침해하는 등기의 말소등기도 함께 단독신청하여야 한다. 한편, 이 경우 해당 가처분등기는 등기관이 직권으로 말소하여야 한다.

부동산 관련 세법

25. ④	26. ③	27. ①	28. ⑤	29. ③	30. ⑤	31. ①	32. ④
33. ③	34. ④	35. ③	36. ③	37. ⑤	38. ③	39. ⑤	40. ③

〈문제분석〉

■ 체감난이도 : 중상(계산문제 1문제)

■ 문항분석

난이도 하 6문항	하나도 틀리지 말 것 29, 30, 35, 36, 38, 40
난이도 중 7문항	최소 반타작 25, 26, 27, 31, 32, 34, 39
난이도 상 3문항	맨 나중에 풀 것 28, 33, 37

Tip 기술점수 올리는 방법
  ① 세목부터 동그라미
    - 소득세, 양도소득세, 취득세, 등록면허세, 재산세, 종합부동산세
  ② 어느 파트를 묻는 것인가를 파악하여 동그라미
    - 납세의무자, 과세대상, 과세표준, 세율, 부과·징수, 비과세
  ③ 틀린 것은? 문제에서 ①이 틀린 것이면 ②~⑤는 읽지 않는다.
  ④ 처음 보는 지문은 무조건 통과를 외친다.
  ⑤ 계산문제는 일단 통과한 후 맨 나중에 푼다.

25. ④   난이도 中

④ 취득대금 외에 당사자의 약정에 따른 취득자 조건 부담액과 채무인수액은 사실상 취득가격에 포함한다.

26. ③   난이도 中

③ 무상승계취득한 취득물건을 취득일에 <u>등기·등록하지 아니하고 화해조서·인낙조서에 의하여 취득일부터 60일 이내에 계약이 해제된 사실을 입증하는 경우에는 취득한 것으로 보지 아니한다.</u>

27. ①   난이도 中

(1) 옳은 설명 : ㄱ, ㄴ, ㄷ, ㄹ (4개)
(2) 틀린 설명 : ㅁ (1개)
ㅁ. 등록을 하려는 자가 법정신고기한까지 등록면허세 산출세액을 신고하지 않은 경우로서 등록 전까지 그 산출세액을 납부하였을 때에는 신고를 하고 납부한 것으로 보며 「지방세기본법」에 따른 <u>무신고가산세를 부과하지 아니한다.</u>

28. ⑤   난이도 上

⑤ 지목변경으로 인한 취득세 납세의무자가 신고를 하지 아니하고 매각하는 경우 중가산세를 적용하지 아니한다.

29. ③   난이도 下

※ 틀린 것 : ㄴ, ㄷ, ㅁ (3개)

ㄴ. 종중이 1990년 1월부터 소유하는 <u>농지</u> : 분리과세대상

ㄷ. 1990년 5월 31일 이전부터 종중이 소유하고 있는 <u>임야</u> : 분리과세대상

ㅁ. 여객자동차운송사업 면허를 받은 자가 그 면허에 따라 사용하는 <u>차고용 토지</u>(자동차운송사업의 최저보유차고면적기준의 1.5배에 해당하는 면적 이내의 토지) : <u>별도합산과세대상</u>

30. ⑤   난이도 下

⑤ <u>국가</u>와 건축물을 연부로 매매계약을 체결하고 그 건축물의 사용권을 <u>무상으로 부여받은 경우</u>에 그 <u>매수계약자</u>는 재산세를 납부할 의무가 있다.

31. ①   난이도 中

② 1구(構)의 건물이 주거와 주거 외의 용도로 사용되고 있는 경우에는 주거용으로 사용되는 면적이 전체의 100분의 50 이상인 경우에는 주택으로 본다.

③ 재산세 과세기준일 현재 공부상에 개인 등의 명의로 등재되어 있는 사실상의 종중재산으로서 종중소유임을 신고하지 아니하였을 때에는 공부상 소유자는 재산세를 납부할 의무가 있다.

④ 재산세 물납신청을 받은 시장·군수·구청장이 물납을 허가하는 경우 물납을 허가하는 부동산의 가액은 재산세 과세기준일 현재의 시가로 한다.

⑤ 지방자치단체가 1년 이상 공용으로 사용하는 재산에 대하여는 소유권의 유상이전을 약정한 경우로서 그 재산을 취득하기 전에 미리 사용하는 경우 재산세를 부과한다.

32. ④

(1) 옳은 설명 : ㄷ, ㄹ

(2) 틀린 설명 : ㄱ, ㄴ, ㅁ

ㄱ. 별도합산과세대상인 토지의 재산세로 부과된 세액이 세부담 상한을 적용받는 경우 그 상한을 <u>적용받은 세액</u>을 별도합산과세대상 토지분 종합부동산세액에서 공제한다.

ㄴ. 납세의무자가 법인으로 보지 않는 단체인 경우 주택에 대한 종합부동산세 납세지는 소득세법 제6조의 규정(<u>거주자의 소득세 납세지는 그 주소지로 한다</u>)을 준용하여 납세지를 정한다(종합부동산세법 제4조 제1항).

ㅁ. 납세의무자가 법인이며 3주택 이상을 소유한 경우 소유한 주택 수에 따라 과세표준에 <u>1천분의 50(5%)</u>의 세율을 적용하여 계산한 금액을 주택분 종합부동산세액으로 한다(종합부동산세법 제9조 제2항 제2호).

33. ③

① 소득세는 <u>과세기간이 끝나는 때</u>에 납세의무가 성립하고, 납세의무자가 과세표준과 세액을 정부에 신고하는 때에 확정된다.

② 재산세는 <u>과세기준일(매년 6월 1일)</u>에 납세의무가 성립하고, <u>지방자치단체가 확정</u>한다.

④ 납세자가 소득세를 법정신고기한 내에 과세표준 신고서를 제출하지 아니한 경우에 제척기간은 당해 국세를 부과할 수 있는 날부터 <u>7년간</u>으로 한다.

⑤ 5억원 이상의 국세 징수권은 이를 행사할 수 있는 때로부터 <u>10년간</u> 행사하지 않으면 소멸시효가 완성한다.

34. ④

④ "납세의무자"란 「지방세법」에 따라 지방세를 납부할 의무(지방세를 특별징수하여 납부할 의무는 제외한다)가 있는 자를 말한다.

35. ③

③ 공익사업과 관련된 지상권의 대여로 인한 소득은 부동산임대업에서 발생한 소득에서 제외한다.

36. ③

③ 부동산의 소유권이 타인에게 이전되었다가 법원의 무효판결에 의하여 당해 자산의 소유권이 환원되는 경우 당해 자산의 취득시기는 당초 취득일

37. ⑤

(1) 실지거래가액에 의한 양도차익(취득가액을 확인할 수 없는 경우)

= 양도당시 실가 − 환산취득가액[주1] − 필요경비개산공제[주2]

= 500,000,000원 − 187,500,000원 − 4,500,000원

= 308,000,000원

· (주1) 환산취득가액 = 양도당시 실지거래가액 × $\dfrac{취득당시의 기준시가}{양도당시의 기준시가}$

= 500,000,000원 × $\dfrac{150,000,000원}{400,000,000원}$

= 187,500,000원

· (주2) 필요경비개산공제 = 취득당시 기준시가 × 3%

= 150,000,000 × 3%

= 4,500,000원

(2) 세부담의 최소화를 위한 필요경비 = MAX(①, ②)

① (환산취득가액 + 필요경비개산공제)

= 187,500,000원 + 4,500,000원

= 192,000,000원

② (자본적지출액 + 양도비)

= 200,000,000원

따라서 양도소득세 부담을 최소화하기 위한 양도차익은 다음과 같다.

	양도가액	500,000,000원(실가)
−	취득가액	필요경비 = MAX(①, ②) = 200,000,000원
−	기타필요경비	① (환산취득가액 + 필요경비개산공제) = (187,500,000원 + 4,500,000원) = 192,000,000원 ② (자본적 지출액 +양도비) = (200,000,000원 + 0원) = 200,000,000원
=	양도차익	300,000,000원

38. ③

③ 미등기양도자산은 양도소득세 <u>과세표준</u>에 100분의 70을 곱한 금액을 양도소득 산출세액으로 한다.

39. ⑤

⑤ 모두 옳은 설명이다.

40. ③

(1) 옳은 설명 : ㄷ, ㅁ (2개)

(2) 틀린 설명 : ㄱ, ㄴ, ㄹ (3개)

ㄱ. 양도소득세 납세의무의 확정은 납세의무자 <u>신고에 의한다</u>.

ㄴ. 특수관계인 간의 거래가 아닌 경우로서 취득가액인 실지거래가액을 인정 또는 확인할 수 없어 그 가액을 추계결정 또는 경정하는 경우에는 매매사례가액, 감정가액, <u>환산취득가액</u>, 기준시가의 순서에 따라 적용한 가액에 의한다.

ㄹ. 2023년에 양도한 토지에서 발생한 양도차손은 10년 이내에 양도하는 토지의 양도소득금액에서 이월하여 공제받을 수 <u>없</u>다.

수고하셨습니다.
당신의 합격을 응원합니다.

www.pmg.co.kr

합격까지 박문각

2023년도 제34회 시험대비 THE LAST 모의고사
박윤모 & 정석진 부동산공시법·부동산세법

회차	문제수	시험과목
3회	40	부동산공시법·부동산세법

수험번호		성명	

【정답 및 해설】

박문각은 여러분의 제34회 공인중개사 시험 합격을 진심으로 응원합니다!

합격까지 박문각

부동산공시에 관한 법령

1. ④	2. ④	3. ③	4. ③	5. ④	6. ④	7. ⑤	8. ②
9. ②	10. ④	11. ①	12. ④	13. ③	14. ②	15. ③	16. ④
17. ③	18. ③	19. ①	20. ⑤	21. ⑤	22. ③	23. ⑤	24. ⑤

〈문제분석〉

■ 체감난이도 : 중상

■ 문항분석

난이도 하	하나도 틀리지 말 것
7문항	3, 6, 7, 10, 15, 18, 19
난이도 중	최소 반타작
10문항	2, 4, 5, 9, 11, 12, 13, 17, 20, 23
난이도 상	맨 나중에 풀 것
7문항	1, 8, 14, 16, 21, 22, 24

1. ④　　　　　　　　　　　　　　　　　　　　난이도 上

ㄴ. 고속도로의 휴게소 부지는 '도로'이고, ㅁ. 공장용지 안에 위치한 사무실 부지는 '공장용지'이다.

2. ④　　　　　　　　　　　　　　　　　　　　난이도 中

지상경계점등록부에는 ① 토지의 소재, ② 지번, ③ 공부상 지목과 실제 토지이용 지목, ④ 경계점표지의 종류 및 경계점 위치, ⑤ 경계점 위치 설명도, ⑥ 경계점의 사진 파일, ⑦ 경계점 좌표(경계점좌표등록부 시행지역에 한정한다) 등을 등록하여야 한다. 따라서 ㄱ과 ㄹ은 지상경계점등록부의 등록사항이 아니다.

3. ③　　　　　　　　　　　　　　　　　　　　난이도 下

③ 토지를 합병하거나 지목변경하는 경우에는 지적측량을 할 필요가 없다.

4. ③　　　　　　　　　　　　　　　　　　　　난이도 中

① '325-7유'는 지번이 325-7이고, 지목은 '유지'이다.
② '면적'은 토지(임야)대장의 등록사항이다.
④ '경계'는 지적도(임야도)의 등록사항이다.
⑤ 토지대장에는 소유자에 관한 사항은 등록하지만, 제한물권에 관한 사항은 등록하지 아니한다.

5. ④　　　　　　　　　　　　　　　　　　　　난이도 中

ㄹ. 카드로 된 토지대장·임야대장 등은 100장 단위로 바인더(binder)에 넣어 보관하여야 한다.

6. ④　　　　　　　　　　　　　　　　　　　　난이도 下

④ 甲토지와 乙토지에 모두 근저당권설정등기가 있고, 등기원인 및 그 연월일과 접수번호가 서로 같은 경우(창설적 공동저당)는 합병할 수 있지만, 甲토지와 乙토지에 모두 근저당권설정등기가 있고, 등기원인 및 그 연월일과 접수번호가 서로 다른 경우(추가적 공동저당)는 합병할 수 없다.

7. ⑤　　　　　　　　　　　　　　　　　　　　난이도 下

⑤ 지적소관청은 이미 바다로 되어 등록말소된 토지가 지형의 변화 등으로 다시 토지가 된 경우에는 지적측량성과 및 등록말소 당시의 관계 자료에 따라 회복등록을 할 수 있다. 토지소유자가 회복등록을 신청하여야 하는 것은 아니다.

8. ②　　　　　　　　　　　　　　　　　　　　난이도 上

① 도시개발사업 등의 착수·변경 또는 완료사실의 신고는 그 사유가 발생한 날부터 15일 내에 지적소관청에 하여야 한다.
③ 도시개발사업 등으로 사업의 착수 또는 변경신고가 된 토지에 대해서는 그 사업이 완료되는 때까지 토지소유자는 토지의 이동을 신청할 수 없다.
④ 도시개발사업 등의 시행지역에서 그 신청대상지역이 환지처분을 수반하는 경우에는 사업완료신고로써 토지이동신청에 갈음할 수 있다.
⑤ 도시개발사업 등으로 인한 토지의 이동은 토지의 형질변경 등의 공사가 준공된 때 그 이동이 있는 것으로 본다.

9. ②　　　　　　　　　　　　　　　　　　　　난이도 中

ㄱ. 위원장은 위원 중에서 지적소관청이 지명한다.
ㄷ. 지번별 제곱미터당 금액의 결정과 청산금의 산정에 관한 사항은 축척변경위원회의 심의·의결사항이지만, 축척변경에 관한 사항은 시·도지사 또는 대도시시장의 승인을 받아야 한다.

10. ④　　　　　　　　　　　　　　　　　　　난이도 下

• 「도시개발법」에 따른 도시개발사업, 「농어촌정비법」에 따른 농어촌정비사업 등의 사업시행자는 그 사업의 착수·변경 및 완료 사실을 (지적소관청)에(게) 신고하여야 한다.
• 도시개발사업 등의 착수·변경 또는 완료 사실의 신고는 그 사유가 발생한 날부터 (15일) 이내에 하여야 한다.

11. ①　　　　　　　　　　　　　　　　　　　난이도 中

① 토지의 표시에 관한 변경등기가 필요한 경우에는 등기완료통지서를 접수한 날부터 15일 이내에 토지소유자에게 통지하여야 한다.

12. ④　　　　　　　　　　　　　　　　　　　난이도 中

① 지적측량 적부심사청구를 받은 시·도지사는 30일 이내에 다툼이 되는 지적측량의 경위 및 그 성과, 해당 토지에 대한 토지이동 및 소유권 변동 연혁, 해당 토지 주변의 측량기준점, 경계, 주요 구조물 등 현황 실측도를 조사하여 지방지적위원회에 회부하여야 한다.
② 지적측량 적부심사청구를 회부받은 지방지적위원회는 부득이한 경우가 아닌 경우 그 심사청구를 회부받은 날부터 60일 이내에 심의·의결하여야 한다.
③ 지방지적위원회는 부득이한 경우에 심의기간을 해당 지적위원회의 의결을 거쳐 30일 이내에서 한 번만 연장할 수 있다.
⑤ 의결서를 받은 자가 지방지적위원회의 의결에 불복하는 경우에는 그 의결서를 받은 날부터 90일 이내에 국토교통부장관을 거쳐 중앙지적위원회에 재심사를 청구할 수 있다.

13. ③ 　　　　　　　　　　　　　　　　　　　　　　　　난이도 中

① 포괄유증에 의한 소유권이전등기는 공동신청하여야 한다.
② 공공용지의 협의취득을 원인으로 한 소유권이전등기는 공동신청하여야 한다.
④ 사인증여를 원인으로 한 소유권이전등기는 공동신청하여야 한다.
⑤ 포괄유증으로 인한 소유권이전등기는 공동신청하여야 한다.

14. ② 　　　　　　　　　　　　　　　　　　　　　　　　난이도 上

ㄱ. 丙 명의의 상속등기를 거치지 않고 乙명의로 소유권이전등기를 곧바로 신청하여야 한다.
ㄹ. 丙과 乙이 소유권이전등기를 공동신청하는 경우에는 등기의무자의 등기필정보를 등기소에 제공하여야 한다.

15. ③ 　　　　　　　　　　　　　　　　　　　　　　　　난이도 下

③ 수용으로 인한 소유권이전등기신청서에는 등기원인을 토지수용으로, 그 연월일은 수용의 개시일로 기록하여야 한다.

16. ④ 　　　　　　　　　　　　　　　　　　　　　　　　난이도 上

④ 진정명의회복을 원인으로 하는 소유권이전등기를 신청하는 경우 등기원인은 '진정명의회복'으로 기록하여야 하지만, 등기원인일자는 기록하지 아니한다.

17. ③ 　　　　　　　　　　　　　　　　　　　　　　　　난이도 中

③ 임대차 차임지급시기에 관한 약정이 있는 경우, 임차권 등기에 이를 기록하지 않아도 임차권등기가 무효가 되는 것은 아니다.

18. ③ 　　　　　　　　　　　　　　　　　　　　　　　　난이도 下

③ 전세금반환채권의 일부양도를 원인으로 한 전세권 일부이전등기의 신청은 전세권의 존속기간이 만료되기 전에는 할 수 없다.

19. ① 　　　　　　　　　　　　　　　　　　　　　　　　난이도 下

② 토지의 분할, 합병으로 인한 부동산변경등기는 그 토지 소유권의 등기명의인이 그 사유가 발생한 날부터 1개월 이내에 그 등기를 신청하여야 한다.
③ 건물의 면적이 변경된 경우에는 주등기로 변경등기를 하여야 한다.
④ 소유권이전등기를 신청하는 경우 첨부정보에 의하여 등기의무자의 주소변경사실이 명백한 때에는 등기관이 직권으로 등기명의인의 표시변경등기를 하여야 한다.
⑤ 법인 아닌 사단이 법인으로 된 경우에는 소유권이전등기를 하여야 한다.

20. ⑤ 　　　　　　　　　　　　　　　　　　　　　　　　난이도 中

⑤ 권리의 변경등기를 할 때 등기상 이해관계 있는 제3자가 있는 경우, 그 제3자의 승낙을 얻으면 부기등기로 하고 승낙을 얻지 못하면 주등기로 하여야 한다.

21. ③ 　　　　　　　　　　　　　　　　　　　　　　　　난이도 上

③ 임차권설정등기청구권보전 가등기에 의한 본등기를 마친 경우, 등기관은 가등기 후 본등기 전에 가등기와 동일한 부분에 마쳐진 용익권등기는 등기관이 직권으로 말소하여야 한다.

22. ③ 　　　　　　　　　　　　　　　　　　　　　　　　난이도 上

ㄹ, ㅅ, ㅊ은 등기할 수 있는 사항에 해당한다.
ㄱ, ㄴ, ㄷ, ㅁ, ㅂ, ㅇ, ㅈ은 등기할 수 없는 사항에 해당한다.

23. ⑤ 　　　　　　　　　　　　　　　　　　　　　　　　난이도 中

① 소유권에 대한 가압류등기는 주등기로 한다.
② 처분금지가처분등기가 되어 있는 토지에 대해서도 소유권이전등기를 신청할 수 있다.
③ 가압류등기는 매수인 앞으로 소유권이전등기를 하는 경우에 법원의 촉탁으로 말소된다.
④ 금전채권을 피보전권리로 기록하여야 하는 경우는 가압류등기이다.

24. ⑤ 　　　　　　　　　　　　　　　　　　　　　　　　난이도 上

⑤ 토지등기기록에 별도등기가 있다는 뜻의 등기는 건물등기기록 중 '1동건물의 표제부'가 아닌 '전유부분의 표제부'에 기록하는 등기이다.

부동산 관련 세법

| 25. ① | 26. ② | 27. ④ | 28. ① | 29. ⑤ | 30. ② | 31. ③ | 32. ② |
| 33. ④ | 34. ⑤ | 35. ④ | 36. ① | 37. ④ | 38. ② | 39. ④ | 40. ④ |

〈문제분석〉

■ 체감난이도 : 중상(계산문제 1문제)

■ 문항분석

난이도 하	하나도 틀리지 말 것
6문항	25, 28, 31, 37, 38, 40
난이도 중	최소 반타작
7문항	26, 30, 32, 33, 34, 35, 39
난이도 상	맨 나중에 풀 것
3문항	27, 29, 36

Tip 기술점수 올리는 방법
① 세목부터 동그라미
 - 소득세, 양도소득세, 취득세, 등록면허세, 재산세, 종합부동산세
② 어느 파트를 묻는 것인가를 파악하여 동그라미
 - 납세의무자, 과세대상, 과세표준, 세율, 부과·징수, 비과세
③ 틀린 것은? 문제에서 ①이 틀린 것이면 ②~⑤는 읽지 않는다.
④ 처음 보는 지문은 무조건 통과를 외친다.
⑤ 계산문제와 사례형문제는 일단 통과한 후 맨 나중에 푼다.

25. ①   난이도 下

① ㅁ (1개)

ㅁ. 배우자의 부동산을 취득한 경우로서 그 취득대가를 지급한 사실을 증명한 경우 : 양도 ○

ㄱ. 본인 소유 자산을 경매로 인하여 본인이 재취득한 경우 : 양도 ×

ㄴ. 매매원인 무효의 소에 의하여 그 매매사실이 원인무효로 판시되어 환원될 경우 : 양도 ×

ㄷ. 「도시개발법」이나 그 밖의 법률에 따른 환지처분으로 지목 또는 지번이 변경되는 경우 : 양도 ×

ㄹ. 부담부 증여시 그 증여가액 중 채무액에 해당하는 부분을 제외한 부분 : 양도 ×

26. ②   난이도 中

② 취득당시 실지거래가액을 확인할 수 없는 경우에는 <u>매매사례가액, 감정가액, 환산가액, 기준시가</u>를 순차로 적용하여 산정한 가액을 취득가액으로 한다.

27. ④   난이도 上

양도가액	60,000,000원	
− 취득가액	46,000,000원	
− 기타필요경비	4,000,000원	양도비용 4,000,000원
= 양도차익	10,000,000원	
− 장기보유특별공제	1,000,000원	양도차익×10%(5년 6개월 보유×2%)
= 양도소득금액	9,000,000원	
− 양도소득기본공제	2,500,000원	
= 과세표준	6,500,000원	

28. ①   난이도 下

② 건물을 신축하고 그 취득일부터 <u>5년</u> 이내에 양도하는 경우로서 감정가액을 취득가액으로 하는 경우에는 그 감정가액의 <u>100분의 5</u>에 해당하는 금액을 양도소득 결정세액에 가산한다.

③ 토지 또는 건물을 양도한 경우에는 그 <u>양도일이 속하는 달의 말일부터 2개월 이내</u>에 양도소득 과세표준을 신고해야 한다.

④ 예정신고납부할 세액이 2천만원을 초과하는 때에는 <u>그 세액의 100분의 50 이하의 금액</u>을 납부기한이 지난 후 2개월 이내에 분할납부할 수 있다.

⑤ 당해연도에 누진세율의 적용대상 자산에 대한 예정신고를 2회 이상 한 자가 법령에 따라 이미 신고한 양도소득금액과 합산하여 신고하지 아니한 경우에는 양도소득 과세표준의 <u>확정신고를 하여야 한다</u>.

29. ⑤   난이도 上

① 양도소득세 납세의무자는 乙이며 양도소득세에 대해 甲은 연대납세의무가 없다.

② 乙이 납부한 증여세는 양도차익 계산시 필요경비에 산입한다.

③ 이월과세를 적용하여 계산한 양도소득결정세액이 이월과세를 적용하지 않고 계산한 양도소득결정세액보다 적은 경우에 이월과세를 적용하지 아니한다.

④ 양도차익 계산시 양도가액에서 공제할 취득가액은 3억원이다.

30. ②   난이도 中

(1) 옳은 설명 : ㄹ, ㅁ (2개)

(2) 틀린 설명 : ㄱ, ㄴ, ㄷ (3개)

ㄱ. 특수관계인에게 증여한 자산에 대해 증여자인 거주자에게 양도소득세가 과세되는 경우 수증자가 부담한 증여세 상당액은 <u>부과를 취소하고 환급</u>한다.

ㄴ. 2018년 4월 1일 이후 지출한 자본적지출액은 그 지출에 관한 증명서류를 수취·보관하지 않고 실제 지출사실이 금융거래 증명서류에 의하여 확인되지 않는 경우 양도차익 계산시 양도가액에서 공제할 수 <u>없다</u>.

ㄷ. 과세기간별로 이미 납부한 확정신고세액이 관할세무서장이 결정한 양도소득 총결정세액을 초과한 경우 다른 국세에 충당할 수 <u>있다</u>.

31. ③   난이도 下

③ 토지에 대한 재산세의 과세표준은 시가표준액인 개별공시지가에 공정시장가액비율(100분의 70)을 곱하여 산정한 가액으로 한다.

32. ②   난이도 中

② 해당 연도에 주택에 부과할 세액이 <u>20만원 이하인 경우</u>에는 조례로 정하는 바에 따라 납기를 7월 16일부터 7월 31일까지로 하여 한꺼번에 부과·징수한다.

33. ④   난이도 中

④ 주택분 종합부동산세액에서 공제되는 재산세액은 재산세 표준세율의 100분의 50의 범위에서 가감된 세율이 적용된 경우에는 그 세율이 <u>적용된 세액</u>으로 하고, 재산세 세부담 상한을 적용받은 경우에는 그 상한을 <u>적용받은 세액</u>으로 한다.

34. ⑤   난이도 中

(1) 옳은 설명 : ㄱ, ㄹ, ㅁ

(2) 틀린 설명 : ㄴ, ㄷ

ㄴ. 과세표준 합산의 대상에 포함되지 않는 주택을 보유한 납세의무자는 해당 연도 <u>9월 16일부터 9월 30일까지</u> 관할세무서장에게 해당 주택의 보유현황을 신고하여야 한다(종합부동산세법 제8조 제3항).

ㄷ. 관할세무서장은 종합부동산세를 징수하려면 납부고지서에 <u>주택 및 토지로 구분</u>한 과세표준과 세액을 기재하여 납부기간 개시 5일 전까지 발급하여야 한다(종합부동산세법 제16조 제2항).

35. ④   난이도 中

④ ㄱ, ㅁ, ㅂ, ㅅ (4개)

국세 또는 지방세 중 법정기일 전에 저당권에 따라 담보된 채권에 우선하여 징수하는 것을 '당해세'라 하며 다음과 같다.

(1) 국세 : 상속세, 증여세, 종합부동산세

(2) 지방세 : 재산세, 자동차세(자동차 소유에 대한 자동차세만 해당한다), 지역자원시설세(소방분 지역자원시설세만 해당한다), 지방교육세(재산세와 자동차세에 부가되는 지방교육세만 해당한다)

ㄱ. 자동차세에 부가되는 지방교육세 : 당해세 ○

ㄴ. 특정자원분 지역자원시설세 : 당해세 ×

ㄷ. 취득세에 부가되는 지방교육세 : 당해세 ×

ㄹ. 부동산임대에 따른 종합소득세 : 당해세 ×

ㅁ. 소방분에 대한 지역자원시설세 : 당해세 ○

ㅂ. 종합부동산세 : 당해세 ○

ㅅ. 재산세에 부가되는 지방교육세 : 당해세 ○

36. ①

① 지방세에 관한 불복시 불복청구인은 <u>의의신청을 거치지 않고 심판</u> <u>청구를 제기할 수 있다.</u>

37. ④

④ 토지의 지목변경에 따른 취득은 토지의 지목이 사실상 변경된 날과 공부상 변경된 날 중 **빠른** 날을 취득일로 본다. 다만, 토지의 지목변경 일 이전에 사용하는 부분에 대해서는 그 사실상의 사용일을 취득일로 본다.

38. ②

② 존속기간이 1년을 초과하는 임시건축물의 취득 : 중과기준세율(2%)
① 환매등기를 병행하는 부동산의 매매로서 환매기간 내에 매도자가 환매한 경우의 그 매도자와 매수자의 취득 : 표준세율 − 2%(중과기준 세율)
③ 법인의 합병으로 인한 부동산 취득(사치성 재산 등은 제외) : 표준 세율 − 2%(중과기준세율)
④ 공유물 · 총유물의 분할 또는 「부동산 실권리자명의 등기에 관한 법 률」에서 규정하고 있는 부동산의 공유권 해소를 위한 지분이전으로 인 한 취득. 다만, 등기부등본상 본인 지분을 초과하는 부분의 경우에는 제외한다. : 표준세율 − 2%(중과기준세율)
⑤ 상속으로 인한 취득 중 대통령령으로 정하는 1가구 1주택 취득(단, 고급주택 제외) 및 그 부속토지의 취득이나 취득세의 감면대상이 되는 농지의 취득 : 표준세율 − 2%(중과기준세율)

39. ④

④ 납세의무자가 취득세 과세물건을 사실상 취득한 후 신고를 하지 아 니하고 매각하는 경우에는 산출세액에 100분의 80을 가산한 금액을 세 액으로 하여 보통징수의 방법으로 징수한다. 다만, 지목변경으로 취득 으로 보는 과세물건에 대하여는 그러하지 아니하다.

40. ④

④ 임차권 설정 및 이전등기시 <u>월 임대차금액의</u> 1천분의 2를 등록면허 세 표준세율로 한다(단, 표준세율을 적용하여 산출한 세액이 부동산등 기에 대한 그 밖의 등기 또는 등록세율보다 크다고 가정함).

수고하셨습니다.
당신의 합격을 응원합니다.

성 명 (필적감정용)
홍 길 동

수험자 유의사항

1. 시험 중에는 통신기기(휴대전화·소형 무전기 등) 및 전자기기(초소형 카메라 등)를 소지하거나 사용할 수 없습니다.
2. 부정행위 예방을 위해 시험문제지에도 수험번호와 성명을 반드시 기재하시기 바랍니다.
3. **시험시간이 종료되면 즉시 답안작성을 멈춰야** 하며, 종료시간 이후 계속 답안을 작성하거나 감독위원의 답안카드 제출지시에 불응할 때에는 당해 시험이 무효처리 됩니다.
4. 기타 감독위원의 정당한 지시에 불응하여 타 수험자의 시험에 방해가 될 경우 퇴실조치 될 수 있습니다.

답안카드 작성 시 유의사항

1. 답안카드 기재·마킹 시에는 **반드시 검은색 사인펜**을 사용해야 합니다.
2. 답안카드를 잘못 작성했을 시에는 카드를 교체하거나 수정테이프를 사용하여 수정할 수 있습니다.
   그러나 불완전한 수정처리로 인해 발생하는 전산자동판독불가 등 불이익은 수험자의 귀책사유입니다.
   − 수정테이프 이외의 수정액, 스티커 등은 사용 불가
   − 답안카드 왼쪽(성명·수험번호 등)을 제외한 '답안란'만 수정테이프로 수정 가능
3. 성명란은 수험자 본인의 성명을 정자체로 기재합니다.
4. 교시 기재란은 해당교시를 기재하고 해당 란에 마킹합니다.
5. 시험문제지 형별기재란에 표시된 형별(A형 공통)을 확인합니다.
6. 수험번호란은 숫자로 기재하고 아래 해당번호에 마킹합니다.
7. 시험문제지 형별 및 수험번호 등 마킹착오로 인한 불이익은 전적으로 수험자의 귀책사유입니다.
8. 감독위원의 날인이 없는 답안카드는 무효처리 됩니다.
9. 상단과 우측의 검은색 띠(▮▮▮) 부분은 낙서를 금지합니다.
10. 답안카드의 채점은 전산 판독결과에 따르며, 마킹누락, 마킹착오, 불완전한 마킹 등은 수험자의 귀책사유에 해당하므로 이의제기를 하더라도 받아들여지지 않습니다.

부정행위 처리규정

시험 중 다음과 같은 행위를 하는 자는 당해 시험을 무효처리하고 자격별 관련 규정에 따라 일정기간 동안 시험에 응시할 수 있는 자격을 정지합니다.

1. 시험과 관련된 대화, 답안카드 교환, 다른 수험자 답안·문제지를 보고 답안 작성, 대리시험을 치르거나 치르게 하는 행위, 시험 문제 내용과 관련된 물건을 휴대하거나 이를 주고받는 행위
2. 시험장 내외로부터 도움을 받아 답안을 작성하는 행위, 공인어학성적 및 응시자격서류를 허위기재하여 제출하는 행위
3. 통신기기(휴대전화·소형 무전기 등) 및 전자기기(초소형 카메라 등)를 휴대하거나 사용하는 행위
4. 다른 수험자와 성명 및 수험번호를 바꾸어 작성·제출하는 행위
5. 기타 부정 또는 불공정한 방법으로 시험을 치르는 행위

교시 기재란
(1)교시 ● ② ③

형별 기재란	A형
	●

선 택 과 목 1

선 택 과 목 2

수 험 번 호

0	1	3	2	9	8	0	1
●	⓪	⓪	⓪	⓪	⓪	●	⓪
①	●	①	①	①	①	①	●
②	②	②	●	②	②	②	②
③	③	●	③	③	③	③	③
④	④	④	④	④	④	④	④
⑤	⑤	⑤	⑤	⑤	⑤	⑤	⑤
⑥	⑥	⑥	⑥	⑥	⑥	⑥	⑥
⑦	⑦	⑦	⑦	⑦	⑦	⑦	⑦
⑧	⑧	⑧	⑧	⑧	●	⑧	⑧
⑨	⑨	⑨	⑨	●	⑨	⑨	⑨

감독위원 확인
긴 ㉖ 독

수험자 유의사항

1. 시험 중에는 통신기기(휴대전화·소형 무전기 등) 및 전자기기(초소형 카메라 등)를 소지하거나 사용할 수 없습니다.
2. 부정행위 예방을 위해 시험문제지에도 수험번호와 성명을 반드시 기재하시기 바랍니다.
3. **시험시간이 종료되면 즉시 답안작성을 멈춰야** 하며, 종료시간 이후 계속 답안을 작성하거나 감독위원의 답안카드 제출지시에 불응할 때에는 당해 시험이 무효처리 됩니다.
4. 기타 감독위원의 정당한 지시에 불응하여 타 수험자의 시험에 방해가 될 경우 퇴실조치 될 수 있습니다.

답안카드 작성 시 유의사항

1. 답안카드 기재·마킹 시에는 **반드시 검은색 사인펜**을 사용해야 합니다.
2. 답안카드를 잘못 작성했을 시에는 카드를 교체하거나 수정테이프를 사용하여 수정할 수 있습니다.
   그러나 불완전한 수정처리로 인해 발생하는 전산자동판독불가 등 불이익은 수험자의 귀책사유입니다.
   − 수정테이프 이외의 수정액, 스티커 등은 사용 불가
   − 답안카드 왼쪽(성명·수험번호 등)을 제외한 '답안란'만 수정테이프로 수정 가능
3. 성명란은 수험자 본인의 성명을 정자체로 기재합니다.
4. 교시 기재란은 해당교시를 기재하고 해당 란에 마킹합니다.
5. 시험문제지 형별기재란에 표시된 형별(A형 공통)을 확인합니다.
6. 수험번호란은 숫자로 기재하고 아래 해당번호에 마킹합니다.
7. 시험문제지 형별 및 수험번호 등 마킹착오로 인한 불이익은 전적으로 수험자의 귀책사유입니다.
8. 감독위원의 날인이 없는 답안카드는 무효처리 됩니다.
9. 상단과 우측의 검은색 띠(■■■) 부분은 낙서를 금지합니다.
10. 답안카드의 채점은 전산 판독결과에 따르며, 마킹누락, 마킹착오, 불완전한 마킹 등은 수험자의 귀책사유에 해당하므로 이의제기를 하더라도 받아들여지지 않습니다.

부정행위 처리규정

시험 중 다음과 같은 행위를 하는 자는 당해 시험을 무효처리하고 자격별 관련 규정에 따라 일정기간 동안 시험에 응시할 수 있는 자격을 정지합니다.

1. 시험과 관련된 대화, 답안카드 교환, 다른 수험자 답안·문제지를 보고 답안 작성, 대리시험을 치르거나 치르게 하는 행위, 시험 문제 내용과 관련된 물건을 휴대하거나 이를 주고받는 행위
2. 시험장 내외로부터 도움을 받아 답안을 작성하는 행위, 공인어학성적 및 응시자격서류를 허위기재하여 제출하는 행위
3. 통신기기(휴대전화·소형 무전기 등) 및 전자기기(초소형 카메라 등)를 휴대하거나 사용하는 행위
4. 다른 수험자와 성명 및 수험번호를 바꾸어 작성·제출하는 행위
5. 기타 부정 또는 불공정한 방법으로 시험을 치르는 행위

( )년도 ( ) 제( )차 국가전문자격시험 답안카드

1	①②③④⑤	21	①②③④⑤	41	①②③④⑤	61	①②③④⑤	81	①②③④⑤	101	①②③④⑤	121	①②③④⑤
2	①②③④⑤	22	①②③④⑤	42	①②③④⑤	62	①②③④⑤	82	①②③④⑤	102	①②③④⑤	122	①②③④⑤
3	①②③④⑤	23	①②③④⑤	43	①②③④⑤	63	①②③④⑤	83	①②③④⑤	103	①②③④⑤	123	①②③④⑤
4	①②③④⑤	24	①②③④⑤	44	①②③④⑤	64	①②③④⑤	84	①②③④⑤	104	①②③④⑤	124	①②③④⑤
5	①②③④⑤	25	①②③④⑤	45	①②③④⑤	65	①②③④⑤	85	①②③④⑤	105	①②③④⑤	125	①②③④⑤
6	①②③④⑤	26	①②③④⑤	46	①②③④⑤	66	①②③④⑤	86	①②③④⑤	106	①②③④⑤		
7	①②③④⑤	27	①②③④⑤	47	①②③④⑤	67	①②③④⑤	87	①②③④⑤	107	①②③④⑤		
8	①②③④⑤	28	①②③④⑤	48	①②③④⑤	68	①②③④⑤	88	①②③④⑤	108	①②③④⑤		
9	①②③④⑤	29	①②③④⑤	49	①②③④⑤	69	①②③④⑤	89	①②③④⑤	109	①②③④⑤		
10	①②③④⑤	30	①②③④⑤	50	①②③④⑤	70	①②③④⑤	90	①②③④⑤	110	①②③④⑤		
11	①②③④⑤	31	①②③④⑤	51	①②③④⑤	71	①②③④⑤	91	①②③④⑤	111	①②③④⑤		
12	①②③④⑤	32	①②③④⑤	52	①②③④⑤	72	①②③④⑤	92	①②③④⑤	112	①②③④⑤		
13	①②③④⑤	33	①②③④⑤	53	①②③④⑤	73	①②③④⑤	93	①②③④⑤	113	①②③④⑤		
14	①②③④⑤	34	①②③④⑤	54	①②③④⑤	74	①②③④⑤	94	①②③④⑤	114	①②③④⑤		
15	①②③④⑤	35	①②③④⑤	55	①②③④⑤	75	①②③④⑤	95	①②③④⑤	115	①②③④⑤		
16	①②③④⑤	36	①②③④⑤	56	①②③④⑤	76	①②③④⑤	96	①②③④⑤	116	①②③④⑤		
17	①②③④⑤	37	①②③④⑤	57	①②③④⑤	77	①②③④⑤	97	①②③④⑤	117	①②③④⑤		
18	①②③④⑤	38	①②③④⑤	58	①②③④⑤	78	①②③④⑤	98	①②③④⑤	118	①②③④⑤		
19	①②③④⑤	39	①②③④⑤	59	①②③④⑤	79	①②③④⑤	99	①②③④⑤	119	①②③④⑤		
20	①②③④⑤	40	①②③④⑤	60	①②③④⑤	80	①②③④⑤	100	①②③④⑤	120	①②③④⑤		

수험자 여러분의 합격을 기원합니다.

합격까지 박문각

수험자 유의사항

1. 시험 중에는 통신기기(휴대전화·소형 무전기 등) 및 전자기기(초소형 카메라 등)를 소지하거나 사용할 수 없습니다.
2. 부정행위 예방을 위해 시험문제지에도 수험번호와 성명을 반드시 기재하시기 바랍니다.
3. **시험시간이 종료되면 즉시 답안작성을 멈춰야** 하며, 종료시간 이후 계속 답안을 작성하거나 감독위원의 답안카드 제출지시에 불응할 때에는 당해 시험이 무효처리 됩니다.
4. 기타 감독위원의 정당한 지시에 불응하여 타 수험자의 시험에 방해가 될 경우 퇴실조치 될 수 있습니다.

답안카드 작성 시 유의사항

1. 답안카드 기재·마킹 시에는 **반드시 검은색 사인펜**을 사용해야 합니다.
2. 답안카드를 잘못 작성했을 시에는 카드를 교체하거나 수정테이프를 사용하여 수정할 수 있습니다.
   그러나 불완전한 수정처리로 인해 발생하는 전산자동판독불가 등 불이익은 수험자의 귀책사유입니다.
   − 수정테이프 이외의 수정액, 스티커 등은 사용 불가
   − 답안카드 왼쪽(성명·수험번호 등)을 제외한 '답안란'만 수정테이프로 수정 가능
3. 성명란은 수험자 본인의 성명을 정자체로 기재합니다.
4. 교시 기재란은 해당교시를 기재하고 해당 란에 마킹합니다.
5. 시험문제지 형별기재란에 표시된 형별(A형 공통)을 확인합니다.
6. 수험번호란은 숫자로 기재하고 아래 해당번호에 마킹합니다.
7. 시험문제지 형별 및 수험번호 등 마킹착오로 인한 불이익은 전적으로 수험자의 귀책사유입니다.
8. 감독위원의 날인이 없는 답안카드는 무효처리 됩니다.
9. 상단과 우측의 검은색 띠(■■■) 부분은 낙서를 금지합니다.
10. 답안카드의 채점은 전산 판독결과에 따르며, 마킹누락, 마킹착오, 불완전한 마킹 등은 수험자의 귀책사유에 해당하므로 이의제기를 하더라도 받아들여지지 않습니다.

부정행위 처리규정

시험 중 다음과 같은 행위를 하는 자는 당해 시험을 무효처리하고 자격별 관련 규정에 따라 일정기간 동안 시험에 응시할 수 있는 자격을 정지합니다.

1. 시험과 관련된 대화, 답안카드 교환, 다른 수험자 답안·문제지를 보고 답안 작성, 대리시험을 치르거나 치르게 하는 행위, 시험 문제 내용과 관련된 물건을 휴대하거나 이를 주고받는 행위
2. 시험장 내외로부터 도움을 받아 답안을 작성하는 행위, 공인어학성적 및 응시자격서류를 허위기재하여 제출하는 행위
3. 통신기기(휴대전화·소형 무전기 등) 및 전자기기(초소형 카메라 등)를 휴대하거나 사용하는 행위
4. 다른 수험자와 성명 및 수험번호를 바꾸어 작성·제출하는 행위
5. 기타 부정 또는 불공정한 방법으로 시험을 치르는 행위